棺材告白者

有些遺願不會默默進墳墓

The Coffin Confessor:
Some Last Wishes Don't Go Quietly to the Grave

比爾・埃德加 Bill Edgar 著
甘鎮隴 譯

【目次】

第一章　你的葬禮，你做主

棺材裡的人有話要說

這一天拿來辦葬禮實在是再完美不過。

這是個豔陽高照的夏日清晨，地點是澳洲的黃金海岸。再過幾小時，熱氣和濕氣就會急遽攀升，炙烤著禮拜堂的尖塔屋頂，直到室內變得跟烤箱一樣悶熱。但就目前來說，這天氣相當配合魚貫進入教堂、向逝者致敬的悼念者。男士們身著簡單的黑西裝，女士們則穿著品味極佳的及膝連身裙，色調樸素，偶爾夾雜幾抹色彩。

我跟著其他人進入室內，神情嚴肅，恭敬地低著頭。大夥紛紛就座，椅面發出布料窸窣聲，鞋底吱嘎作響。

儀式一開始，牧師做了簡短的開場白，然後唱詩歌，接著一個坐在長椅上的大塊頭站起身，慢慢走向講臺。他站在上頭沉默了幾秒，翻翻悼詞演講稿，接著自我介紹他叫約翰，是逝者葛拉漢的摯友，並歡迎大家參加這場告別式。他們都認識並深愛葛拉漢，也很懷念他。

約翰體型魁梧，是典型的白髮紅臉、隨心所欲的澳洲昆士蘭農夫。這種人在江湖上闖蕩時，臉上總是掛著開心又自在的燦爛笑容。但此刻的他難過得嘴角下垂，低頭瞥向棺材，裡頭躺著他在這世上最好的朋友——葛拉漢．安德森。

約翰哀怨地凝視遠方，深吸一口氣，開始說話。眾人恭敬聆聽他的致詞。他的嗓音在禮拜堂裡繚繞，蓋過一些悼念者發出的輕柔啜泣聲。真是美麗的場面，這種開場方式堪稱好萊塢等級的完美。

我按照計畫，等了兩分鐘後起身，撫平身上的西裝背心，清清喉嚨，從背心口袋裡掏出一封信。

「打擾一下，我得請你坐下、閉嘴，不然就滾出去。棺材裡的人有幾句話要說。」

現場每個人都轉頭看著我。牧師下巴掉到地板上，完全搞不懂這是怎麼回事，但顯然震驚不已。然而，我的注意力全在約翰身上。他就是我來此教訓的對象，我盯著這位悼詞發表人，同時朗讀葛拉漢留給我的信件。

約翰臉上失去血色，我看得出來他知道這是怎麼回事。他嚇得快尿褲子了。他確實也該有這種反應。

我很快就會說明來龍去脈，但我們得先回到幾個月前，回到我第一次見到葛拉漢那天，也就是此刻躺在棺材裡的人。他當時僱用我當他的私家偵探。

從私家偵探到擅闖葬禮

顧名思義，私家偵探的職責，就是為客戶調查一些見不得光的事。如果你相信書籍、電影和媒體對我們這種人的描述，以為這種工作主要是拿著大砲相機跟蹤在外頭偷吃的配偶，那你想得一點也沒錯。

私家偵探絕大多數的工作，其實就是應客戶請求，調查他們的配偶是否不忠，並取得證據來確認內心的懷疑。有很多徵信社專門處理這種工作，他們會跟蹤你的配偶，直到能取得令你火大的證據，證明你的配偶確實劈了腿。

這項工作向來不是我的強項，也不是我特別喜歡做的事。在我看來，你如果因為懷疑伴侶而打算僱用私家偵探，那我保證你的婚姻確實有問題。我就幫你省點錢吧，現在就說清楚你早就知道的事實：他們確實正在偷吃，你該僱的不是私家偵探，而是婚姻諮商師。

除了調查配偶出軌，私家偵探處理的其他工作，幾乎都是幫客戶調查一些商業相關問題，像是竊盜、詐欺和勒索。整體來說，私家偵探大多數的工作，重點都是金錢。愛情和金錢——一般人會惱火得決定打電話給私家偵探，就是為了這兩種事。

葛拉漢的案例和這兩者都有點關聯。他第一次找上我是在二〇一六年初，為了調查跟財務有關的事。葛拉漢是白手起家的農夫，當時年約六十五歲，後來生了病，沒辦法繼續處理生意相關的繁瑣事宜。他懷疑，他的會計師趁他臥病在床時盜用他的錢，他注意到有些地方出現不算大的金額短缺，有些帳目對不起來，總覺得被人坑了錢。

葛拉漢找上我，是因為我在這個領域有特定技能，但我當時正忙著其他工作，沒辦法立刻接下他的請託。但是葛拉漢非我不可，也樂意等我騰出空檔。

大約半年後，我終於有時間進行詳細調查，也很快就查出是怎麼回事。確實有人從他的帳戶裡偷走款項，而且我查出是誰。我對犯案的那幾個會計師施壓，他們歸還了金錢，這個案件也就此結束。葛拉漢認為這是圓滿結局。

可惜的是，葛拉漢得到的好消息僅止於此。他的健康狀況其實比他透露的更糟，而在我結案後，他終於坦承自己患有不治之症。他之前樂意在我完成其他工作前多等我半年，是因為他原本以為自己還有充足的時間，但事實證明他錯了。

「我原以為時間應該還夠，」我坐在他再也離不開的床鋪旁，聽他對我說：「不過我猜每個人都有這種想法。醫生說你只剩幾個月能活，你會心想，**才怪咧，我好得很，我還會活上好幾年**。沒想到我只剩這麼一點時間。」

我們談到關於大限的話題，像是死亡和來生。葛拉漢其實不是很怕死，而是好奇在最後一刻闔眼後會發生什麼事。

「我完全不知道我死後會發生什麼事、會去哪裡。如果能事先知道不是很好嗎？」

「這個嘛，你找到答案之後，跟我說一聲，」我說：「從陰間給我一點信號，讓我知道你對自己的葬禮滿不滿意。」

他搖頭。「應該不會。我已經知道我會很討厭我的葬禮。」

葛拉漢告訴我，他對參加過的葬禮大多沒什麼好感，只覺得意外又失望，因為他原本期望告別式能真正映現他逝去的親友，能體現他們的獨特與受人喜愛之處，展現美好和醜惡的一面。但他每次都只看到某種摻了水的無菌版本，牧師把逝者描述成某種聖賢，就算對當事人一無所知。他甚至有幾個朋友在生前錄下了自己的悼詞影片，但出於某些理由而被視為不妥，因此在告別式上由記錄生平的幻燈片取代。

葛拉漢說他想寫自己的悼詞。他要寫下自己真正在乎之事，希望自己離開這個世界的方式能真正反映他生活的方式。

「那你何不就這麼做？」我說：「拍支影片，叫他們在告別式上播放。」

「我知道他們絕對不會照做。一定會有人認為這支影片會刺激到我的親友，他們也不想得罪還活著的人。拍影片是浪費時間。」

「我能幫你處理，」我開玩笑地說：「我能擅闖你的葬禮，說出你想要的悼詞。」

我們把這件事當成笑話，握手道別。我後來也沒再多想。

但幾星期後，我接到葛拉漢的電話。

「我一直在想，」他在電話另一頭說：「我想答應你的提議。」

「什麼提議？」

「我要你擅闖我的葬禮，介入告別式，朗讀我寫給你的訊息。」

「你是認真的？」

「再認真不過，而且我會給你一萬元作為報酬。」

我靠，我心想。「這是大數目。」

「我有很多想說的話。其實，我想在自己的葬禮上揭露一些事。我的摯友約翰堅持要發表悼詞。」

「所以？這有什麼問題？」

「他一直想要搞我老婆。」

背叛者

其實，葛拉漢想了結一樁重要的心願，才能安息：他結交多年的摯友約翰一直試圖染指他的妻子。

事實上，差不多就在葛拉漢開始生病時，他的老夥計約翰就一直暗中試著鑽進葛拉漢太太的裙下，就算她超討厭這傢伙！她完全不想跟約翰攪和，多年來也不贊同丈夫跟他的友誼。但這幾個月，約翰一直上門騷擾她，試圖吻她，甚至打她的屁股，還直接說明意圖。起初她因為不想影響葛拉漢的情緒而選擇隱忍，但後來實在不知該如何是好。

但她說出真相後，葛拉漢也不知道該怎麼辦。他是典型的鄉下人，年輕時是個標準的硬漢，為了生存拚盡全力——就像有一種男人（尤其是出身於這種時空背景）習慣用拳頭解決問題，不擅長脣槍舌戰。葛拉漢一輩子努力工作，活得堂堂正正，但現在病得奄奄一息，沒辦法自行處理這種背叛。

就算他跟約翰對峙，也知道這個老友一定會把他的話當耳邊風，畢竟這種人連重病老友的妻子都敢騷擾，又怎麼可能懂得知恥。

也因此，葛拉漢希望我能參加他的葬禮。約翰自願發表悼詞，葛拉漢希望我向他們認識的每個人說出真相，他自己已經沒有心力這麼做。

「我覺得虛弱疲憊，」他坦承：「我很討厭這麼無力的感覺，也因為自己無法改變這點感到羞愧。」

他對可預見的未來感到很糟，我也是。臨終之人只能眼睜睜看著原本信賴的人性騷擾自己的妻子，卻無力介入。葛拉漢顯然深愛妻子——看到這種硬漢不怕露出溫柔的一面，還挺酷的——但這也表示他老友的所作所為真的傷害了他。

我當時心想，如果我朋友也這樣對待我，我一定會心如刀割。想像一下，你的家人需要你保護，但你虛弱得動彈不得，沒辦法行動。這種兩難局面令人震驚。這大概就是為什麼我從不允許任何朋友跟我密切往來。

總之，我就是因為這個原因而決定接下這份工作。葛拉漢的狀況令我動容。我因為經歷過某些事件，而對任何感到無助、任憑背叛者宰割之人深感同情。

「我答應，」我告訴葛拉漢：「管那傢伙去死。我會參加你的告別式，把話跟他說清楚。」

「你覺得這麼做會不會太過分？」

「這由你決定。」我說：「你的葬禮，你做主。」

針孔攝影機

雖然我的本能反應是幫助一位臨終者，但我也不能聽信葛拉漢的片面之詞。我需要證據。我在擔任私家偵探時學到的重要教訓，就是每個故事都有三面說詞：你的、對方的，還有客觀真相。

我透過經驗知道別相信任何人、任何說法，直到獲得證據——而且總是有辦法取得。在葛拉漢的允許下，我在他家安裝了一架針孔攝影機。除非獲得屋主同意，否則這麼做是非法的，而一旦獲准，你想怎麼安排都行。我剛開始幹這一行時，安裝隱藏式監視器是大工程——安裝攝像頭、拍攝畫面，並在事後取影片——但這年頭的針孔攝影機非常先進，讓一切變得很簡單。

這種小攝影機幾乎不占空間，能藏在玩偶裡監視保母，或藏在唇膏裡抓老公偷吃，而且影像檔會直接上傳雲端，隨處都能存取。你甚至能上網購買隨身微型攝影機，看起來就像襯衫鈕扣。這個故事的教訓是：在現在這種世界，多疑並不是病。

在葛拉漢住處安裝攝影機的過程輕鬆簡單。

我把一架攝影機裝在他的床頭板上，體積跟拇指指甲差不多大，能讓我清楚看見房間外頭的走廊，連同廚房和飯廳。葛拉漢就建議我把攝影機裝在這裡，從這個位置能拍到最多畫面，而且視角基本上就是從他的病床能看到的一切。我等於坐在最前排的座位，清楚目睹他眼前所見。

我看到的畫面確實令人惱火。到了隔天早上，我已獲得了一切所需證據。

約翰只要以為屋裡只有自己和葛拉漢的妻子時，就會對她毛手毛腳，像是打她的屁股，或是試著吻她的脖子。兩人在走廊擦身而過時，他試圖抓住她，但被她推開，這很像一九八〇年代那種二流電影的畫面。他會故意把飲料打翻在自己身上，藉此脫下襯衫，要她幫忙清洗，然後站在那裡炫耀肌肉。好一個王八蛋。

我只大略看了影像，從他的行為就能看出來這不是他第一次騷擾。正如葛拉漢說的，這已經持續了好幾個月。

我帶著影像檔跟葛拉漢商談，但這些畫面並不令他驚奇。這就是為什麼他僱我出席他的葬禮。他別無選擇，我也毫不遲疑。

不久，葛拉漢與世長辭。從他最初讓我知道他病得多重，到他過世那天，只隔了幾星期；而從我答應出席葬禮，到他嚥氣那天，只相隔了九天。在那時候，一切都已經敲定：我的客戶對我提出了臨終請求，我也會使命必達。

替亡者說出心裡話

在葬禮那天，沒幾件事能讓我覺得緊張，最難的是決定穿什麼。我住在黃金海岸邊緣，很靠近一座軍事基地和一片熱帶雨林。取決於季節，我要面對的問題包括蛇、蜘蛛、龍捲風、洪水和野火，而且這還僅限在我家裡。身為私家偵探，我早就習慣應付三教九流，像是罪犯、警察、毒蟲、騙徒、竊賊和敲詐犯，都不會讓我心煩。有很長一段日子，臉上挨拳頭對我來說就是歡樂時光。

但在前往葛拉漢葬禮之前，我很擔心有沒有選對衣服。服裝似乎是關鍵，我也徹底卡在這個環節上，彷彿是這輩子第一次進入社交界的少女。我該穿黑色嗎？黑色象徵哀悼，但嚴格來說我不算是悼念者。到頭來，我選擇不穿西裝外套的打扮，而是只穿西裝褲、白襯衫，以及量身訂做的西裝背心。這是得體又恭敬的服裝，也不會過分誇張。

我打扮好後來到教堂，還剩最後一個麻煩決定：我該坐哪裡？一般來說，教堂左手邊的長椅是留給親屬，右手邊是留給朋友。我不是逝者的親屬，但也不算是朋友。這裡我一個人都不認識。

我試著保持低調，被問話時讚美葛拉漢幾句，盡量避免引來注意。但我走進教堂時，人們前來迎接，向我表示哀悼。

「請節哀。」他們也可能會問：「你是怎麼認識葛拉漢的？」

我只能模糊帶過。「我們曾經共事過。」

這是事實。是他僱用了我，我來這裡是為了履行職責。

到頭來，我選擇坐在親屬這一邊，為了等會兒方便發言而盡量靠近前排。

約翰起身走向講臺，我一下就認出他。這個偽君子開始演講，描述亡友的生平，還不忘自我美化。葛拉漢要我在他的摯友發言兩分鐘後打斷，我就是在這時候站起來，自我介紹。

「打擾一下，我得請你坐下、閉嘴，不然就滾出去。棺材裡的人有幾句話要說。我叫比爾・埃德加，是以逝者的名義來此，他有話要告訴你們每個人。」

教堂裡寂靜無聲，甚至能聽見手中信紙沙沙作響，沿牆角反彈的回音。我打開摺起的紙張，大聲朗讀葛拉漢最後的訊息。

「約翰，我是葛拉漢・安德森。我僱了比爾來打斷你的演講，讓你知道我有好幾次看到你試著搞我老婆，而看在上帝的分上，她每一次都拒絕了你。但這並不能改變某個事實，也就是朋友妻不可戲，尤其如果這個朋友已經奄奄一息。我為你的行為和意圖而對你恨之入骨。我的遺願是你給我滾出我的葬禮。我的葬禮不歡迎你，你也休想以我的名義發言。」

我抬起頭，約翰丟下了演講稿——我在安靜的現場聽見紙張落地。他抓著講臺邊，臉色變得很古怪，看起來比我躺在棺材裡的客戶還蒼白。這一幕真是精采。

很顯然，這個神展開令他呼吸困難，我看了也覺得痛快。這傢伙一臉欠揍樣，想像一下沒戴帽子的澳洲議員鮑勃・凱特（Bob Katter），白頭髮、紅脖子，散發一種「老子是小鎮之王」的囂張氣焰。

我在朗讀完畢前，這傢伙已經膽小又羞愧地離開現場。一名女子起身跟著離去，我猜是他的妻子。她看起來火冒三丈。

現場幾個人試圖抗議、叫我坐下，但我平靜地告訴他們，棺材裡的人還有些話要說。「你們要麼留下來乖乖聽我要說什麼，不然也可以滾出去。」我禮貌地說，然後繼續朗讀葛拉漢的信件。

「此外，如果我的弟弟、他的太太和女兒也在現場，也請你們滾蛋。我有三十年沒見到你們，你們現在卻跑來表示哀悼？你們在我活著的時候從沒尊敬過我，那現在為什麼會尊敬我？我還活著時，需要你們幫我一把的時候，你們在哪？

「這場葬禮僅限我深愛的人參加，我會非常想念你們，還有我到死都深愛的妻子，我在死後也依然愛妳。」

說完，我摺起信紙，塞回信封，來到靈柩前，輕輕把信封放在棺木上。

我沿走道離去，聽見自己的腳步聲迴響，來到雙扇門前，教堂裡依然寂靜無聲。

我不知道告別式在我離去後有沒有繼續進行，這與我無關。我履行了對客戶的承諾，傳達了他最後的遺願，對他的摯友做出了某種懲處，那人在葛拉漢陷入重病後就露出了真面目。

我走向我的汽車時，被一名年輕女子叫住。她來到我身旁，自我介紹是葛拉漢的女兒。她對我的所作所為表示感謝。

「我爸一定會很欣慰，」她說：「我媽也是。我真的很高興你有這麼做。」

她告訴我，她母親實在不知道該拿約翰怎麼辦，尤其因為葛拉漢如今已離世，而約翰持續對她母親死纏爛打，就算明知道自己惹人厭。而現在，這傢伙在公開場合遭到公然羞辱，她母親以後就不用再擔心。更好的是，大家這下知道她一直都有拒絕他，她也因此守住了名譽。

「我很樂意幫忙。」我這句話是實話。

我這輩子發生過的一切，都把我塑造成根本不在乎別人怎麼想我的那種人。有些人事物確實是我在乎的，像是我的妻兒，還有那些沒辦法保護自己的人。畢竟，如果我們連身邊最親密的人都無法信賴，在人生中要怎麼走下去？

第二章　社會住宅

不走運的家

我小時候跟家人住過許多出租屋，而且經常搬家。有時候，我們這家子十一個人會同住一間屋子——我、我的外公外婆、阿姨和舅舅、我媽、我的兄弟姊妹，全擠在三間臥室裡，通常必須共用一間浴室。這麼多人在同一個屋簷下很難和平共處，大夥經常爆發口角或其他方面的衝突。

我對那段日子印象深刻，尤其是當警察來到租屋處，把我們趕出門外。我們這一家子全都坐在路邊，被僅有的幾件家當包圍。既然我們這麼多人一起住，也難怪你會想問：為什麼我們連如此微薄的房租也付不起？

我舅舅有個朋友是拖車司機，他來接走我們，讓我們住在一塊空地上的露營車裡。

我記得這輩子住進的第一棟房子——一個真正的家，不是露營車，不是朋友租屋處的地板，也不是路邊的帳篷——是政府給我們的，終結了我們「從某個房子搬去某個租屋處再搬去露營車再搬去路邊」的循環。

媽媽的名字在等候名單上已有一段時日，終於在我十一歲那年，她在政府興建的社會住宅社區裡分配到一間住所，一切都是新的：新建築、新街道、新街坊。

我不敢相信我們這麼走運——那裡真美！我唯一能理解這種好運的方式，就是以為我們一定中了樂透。如今回想，那棟房子蓋得迅速、便宜又粗劣——到處都是纖維水泥板和塑膠。我記得自己大步跑過每個房間，享受赤腳踩在木頭地板上的感覺，然後來到我人生中第一個後院。當時這裡什麼也沒有，沒有草坪，沒有造景，只有泥土和水泥地——但是上頭能蓋東西，而我對此處已有許多計畫。我要在後院挖洞，搞個像樣的花園，在附近尋找能挖、能移植的樹木。那真是一段美好回憶，我那時候真的很興奮，想必是想為家人布置個舒適的窩。我當時雖然還只是個孩子，但看得出來這是個新開始，一個能過上正常日子的好機會，而且我是一家之主。

那個社區是為不走運的家庭建造的，像是難民、移民、酒鬼和毒蟲，還有我媽。

看來家家有本難念的經。每個家庭都有好的一面和壞的一面，而在我們家，我媽遇到的壞事特別多。我媽不酗酒，也不嗑藥——只嗑「貝克斯」（Bex）這種鎮靜劑、興奮劑和抗憂鬱劑的三合一藥物。她那一代將近一半的人，尤其是家庭主婦，都對貝克斯上癮，因為在藥局就能買到，跟買棒棒糖一樣容易。就像醫生如果遇到行為模式難以理解的孩子，就會開立「利他能」一樣。

但我媽的成癮症也同樣具有破壞性，無論是對她自己還是我們這些家人。她有賭癮，而且非常嚴重。空下來的任何一分鐘，任何一點閒錢，她都會跑去玩吃角子老虎。

我們當時住在昆士蘭州，老虎機在此並不普遍，但我們家鄰近新南威爾斯州邊界，所以我媽能輕易越過州界去賭博。不管我們的生活發生什麼狀況，她總是會跑去那裡的賭場。為了接近老虎機，她會不擇手段：公共交通工具、請朋友載一程，不然就是自己有車時開車去。

我媽熱愛汽車，也熱愛它所象徵的自由。她最喜歡的是一輛水藍色迷你奧斯汀，她取名為「莫德」——嚴格來說，是那輛車還在她手上的時候。每隔一段時間，就會有輛車突然出現在我們家的車道上，彷彿從天而降——直到她因為需要湊錢去賭博，車子在隔天就消失無蹤。

在上一週，我們家會擺滿家具和電器，有舒適的沙發、精美的電視、塞滿食物的冰箱；但到了下一週，這些東西全都消失了，我們擁有的一切全被送進當鋪。我們會胃袋空空地睡在地板上。接著兩星期後，她會贏一大筆錢，我們突然又有東西吃了。

雖然這種生活方式非常有病，但與那棟屋子有關的回憶對我來說依舊美好。我甚至偶爾會開車過去，坐在那棟老屋子外面，回憶著美好的時光，直到悲慘時光的回憶湧入腦海，然後我會回家去。

我們一家當時真的很高興能住在那裡——社區裡每個人也都很高興。我們這些人住在全新的社會住宅社區，得到人生從頭來過的第二次機會。當然，隨著時間推移，這種狀態逐漸消失。原本嶄新的社區很快就變得破破爛爛，環境一天比一天惡劣。在那種地方，真的只有堅強的人才能生存，不然就是天天把自己鎖在屋裡，足不出戶。再不然，當一切都變得太艱難時，就收拾東西搬家。

我媽就是第三種。我們在那裡住了大約四年，後來她付不出微薄的租金，我們因此不得不搬走。

但那間屋子是一扇窗，讓我窺見了原本完全不知道的生活。在那之前，我從沒接觸過那種程度的安全和穩定。頭上有屋頂，桌上有食物。從我有記憶以來，媽媽連一天的工作都沒做過，卻有人給了她一棟房子住。更難以置信的是，她還是把事情搞砸了。

這種領悟雖然痛苦，對我來說卻是種催化劑：我想證明我能做得更好。這個認知將永遠在我的腦海裡：永遠別忘了你來自哪裡。不走老路，永不回頭。最重要的是，**把每一次經歷——無論好壞——轉換成能帶來美好未來的燃料。**

我生命裡的惡魔

在我所有家人當中，只有外公能保住工作。他在附近一家街角商店當櫃檯人員，週末幫沒辦法親自進店裡的人送雜貨。這份工作的收入使他成了這個家的老大，他也很享受身為族長的地位。他掌管錢袋，除非他同意，否則家裡什麼事都沒法做。

我快滿八歲時，外公問我要不要在放學後和週六早上跟他一起去店裡工作。我對這個提議感到興奮不已——這意味著賣糖果給孩子們，我不僅每週能賺兩塊錢，還能棒棒糖吃到飽。

外公告訴我媽，這份工作能幫助我學習數學，快速掌握加減法。我記得媽媽和他交換了眼神，點頭同意。

我開心極了。我們的住處離那間店只隔幾個街區，所以我會早起騎自行車去店裡。和當時大多數的孩子一樣，我唯一必須遵守的規則，是確保路燈亮起時已經回到家。我督促自己做到，因為晚歸就意味著挨揍。

之後的幾個月裡，我每天都在街角商店工作。黎明時起床，黃昏時回家。週末結束時，外公會給我兩塊錢；我回到家後，媽媽會從我手上拿走這兩塊錢，「幫你保管。」

她說到做到，把錢保管得非常嚴密，我連一毛錢都看不到，除非我能在它被送進老虎機之前偷回來。

我偶爾在週六不用去店裡的時候，會去練足球。我第一次踏上足球場時，就深深愛上這個運動。我能騰出來的每一分鐘都在練球，而且球技越來越好。

我在足球這項運動上確實有天賦。打從我參加的第一場比賽開始，我的技巧就比大多數的孩子更好，甚至速度比當中的菁英還快。而且我根本沒有像樣的裝備——我踢球，在球場上跑來跑去時，都是打赤腳。

十歲那年，我才有機會加入真正的足球俱樂部——「衝浪者天堂足球俱樂部」。他們告訴我，第一次練習的時候，必須像其他孩子那樣穿著白短褲和藍T恤。我當時還是沒有鞋子穿，所以赤腳上場，而其他孩子大多都穿著閃閃發亮的鑲釘足球鞋。但我的動作還是比他們快。

教練對我留下了深刻的印象，預言「你遲早會為澳洲踢球」，然後搓亂我的頭髮。這個教練是隊上某個男孩的父親，是個好人，在訓練和比賽時會帶一大袋橘子。我因為家裡食物短缺，總是盡量多吃一些橘子，一顆又一顆塞進嘴裡。教練不得不叫我吃慢點，還保證我能帶一些在回家的路上吃。

賽季開始時，每個孩子都得到了父母簽署的同意書，連同用來維護俱樂部場地和租用設備的費用。我會把同意書交給媽媽，但她從來不給錢，也沒把同意書還給我。

某天下午，再過兩星期就是第一場比賽，教練把我拉到一旁告訴我：未經我媽許可，他不能讓我參加比賽。

「我媽下次會來看我練球，」我保證：「她到時候會給你費用。」

她說過會去球場，而我原本真的以為她會做到。但她沒有出現。

然而，隊裡另一個男孩的父親幫我支付了費用，甚至買給我這輩子第一雙足球鞋。這雙鞋真漂亮：黑色橡膠和皮革，每一邊都畫著一隻飛奔的藍貓。雖然皮革很硬，但鞋子超級舒服，非常合我的腳。我第一次穿這雙鞋練球時，能把球踢得比以往更用力也更遠。

我開心極了，根本不想脫下來！甚至穿著騎自行車回家，然後衝進家裡告訴媽媽發生了什麼事。她似乎為我高興，雖然她沒錢支付練球費用，但我還是很高興有別的人在乎我，願意給我機會。

然而，外公沒像媽媽那樣為我高興，反而大發雷霆。他指控我偷了這雙鞋，不然就是乞求別人買給我的。我對這兩項指控都予以否認，而這只讓他更為光火。他猛然打開前門，把我的新鞋扔到馬路上。

這讓我媽很難過，她淚流滿面試圖為我辯護。他倆爆發激戰，對彼此咆哮連連。兩人終於停止爭吵後，媽媽看起來好像想搧我一巴掌。我躲回自己的房間。

這種感受實在可怕，這些大吼大叫都是因為我，都是我的錯。這天晚上，我從臥室跳窗而出，撿回鞋子，騎上自行車，駛入夜色。這是我第一次離家出走。

我的第一次逃家並沒有持續多久。我大概以為媽媽會來找我，但她知道我無處可去，遲早會回家。我只逃家一小時就回家，依然穿著我又忘了脫掉的新鞋。

媽媽打開前門，跟我說外公要見我。他在他的臥室等我。

要去外公外婆的臥室，我必須經過客廳，我的兄弟姊妹正在看電視，他們沒理我，眼睛都盯著螢幕。我一把打開臥室的門，外公果然坐在床上，黑色皮帶纏在拳頭上。

「進來，」他對我說：「彎下腰，手摸腳趾。」

我滿臉是淚，而在他揮出第一擊之前，我看到那條皮帶就嚇得直打哆嗦。

第一擊到來時威力驚人，掃過我的屁股。我踉蹌一步，迅速站直，揉揉屁股，結果再次被擊中，因此第二擊大多打在我的手指上。第三擊掃過我的小腿，我被打得屈膝跪地，外公繼續打我的兩條腿。

我盡可能蜷縮身體，哭著求救。毆打持續進行。

直到媽媽進來房裡。

「他被打夠了。」她告訴外公，並叫我去洗澡，準備睡覺。我放洗澡水時，聽到家裡其他人再度爆發口角。我再次知道這不是我能控制的，而且這不會是最後一次。

在強烈的沮喪、憤怒和疼痛下，我踮起腳尖，站在浴室的鏡子前，查看自己的腿和屁股。皮膚已經浮現猙獰的傷痕，被溫熱的洗澡水刺得發癢。

那天晚上，我睜著眼躺在上鋪，盡量不去抓傷口，我弟睡在下鋪。門開了，媽媽進來，叫我去在外公睡覺前跟他說聲對不起。我從雙層床上爬下來，擦著眼淚，走進客廳，外公正在看電視。

「對不起。」我說。

「過來。」他把我抱起來，讓我坐在他膝上。

他緊緊抱住我，把我壓在他的胸膛上，電視螢幕的光芒在我身上閃爍。我們在這裡坐了很久，媽媽和外婆從旁走過，說我坐在這裡看起來多可愛。外公把我抱得越來越緊時，她們顯然都沒看見我眼裡的恐懼，也沒注意到我顫抖的模樣。

我們的小祕密

我在足球俱樂部的第一場比賽延期了。前一天晚上下了大雨，場地濕透，沒辦法比賽。媽媽建議我去店裡幫外公。我不介意，因為外公會讓我吃棒棒糖——他說這是「我們的小祕密」——還讓我玩彈珠臺。

那天客人特別少。外公將雜貨裝箱，搬進汽車後車廂，準備在回家路上順路送貨給顧客。他四處忙碌的時候，我坐在棒棒糖櫃檯前。那天從各方面來看都是很普通的星期六。

然後他進來，斜靠著櫃檯，過了一會兒，拍拍我的膝蓋。

「我昨晚看到你在摸自己。」他說。

我根本聽不懂他在說什麼，只是困惑不解地看著他。

「你聽到我說了什麼，」他低聲告訴我：「你昨晚在自慰，被我發現了。」

「我才沒有！」我抗議：「你胡說！」

外公打了我一巴掌。這一記耳光來得毫無預警且力道驚人，我從凳子上摔落，嘴唇撞到櫃檯。

我在地板上躺了一會兒，嘗到血味。外公跪在我身邊，把手帕遞給我，突然顯得關切。他告訴我別擔心，說這只是擦傷，但我應該小心，以後不許再那樣對他說話，因為這麼做會有後果。

就在這時候，門上的小鈴鐺響起。有個客人進店裡買晨報，看到我臉上的血，問道：「你怎麼了？還好嗎？」

我想尖叫逃跑，但外公跟那個人說我沒事，說我剛剛一直在凳子上轉來轉去，不努力工作，但我不會有事。

「原來如此，那你學到教訓了。」客人咧嘴一笑，拿起報紙，走出店外。門關上時，小鈴鐺再次響起，又只剩下我和外公獨處。

這家店的後方有間浴室和廁所，外公叫我去那裡把自己弄乾淨，還說如果有人問我發生了什麼事，我必須說是自己在胡鬧，結果從凳子上掉下來。如果不照做，我就會有大麻煩。

那天我怕得不敢直接回家，便騎車到我的祕密基地，它在一間叫作「粉紅貴賓犬」的汽車旅館後的洞窟裡。這是個舒適的地方，我能在這裡吃棒棒糖，假裝在專屬於自己的家中，遠離家人。這個地方讓我覺得安全，因為只有我知道它在哪裡。

我盡量在外面待到很晚，而我回家時，路燈已經亮了十分鐘。我進家門時，知道會被教訓一頓。

媽媽看著我腫脹的嘴脣，跟我說她緊張得要命，外公也是，因為他叫我在離開商店後直接回家。他們都很擔心我是不是被陌生人拐走了。她告訴我，作為懲罰，我下週六也不能去踢球，而是必須再去商店和外公一起工作。

到了下週末，我的嘴唇已經痊癒，也已經把上週六的事拋諸腦後，以為麻煩事都結束了。和上星期一樣，我靜靜坐在棒棒糖櫃檯後面，外公忙著把雜貨搬到車上。他忙完後，也和上星期一樣來到我身旁，用怪異的眼神看著我。

「你有沒有想過我上星期問你的事情？」

「沒有。」我看著地板，聽不懂他在說什麼，也不願多想。

「你有想過。」他說：「你有沒有自慰？」

我完全不明白他的意思，也不知道該說什麼。但我實在害怕再次挨巴掌，所以輕聲說：「有。」

這個答覆似乎令他滿意。「讓我看看你是怎麼做的，」他對我說：「你自慰的模樣。」

我害怕得拚命顫抖，把雙手放在膝上，慢慢開始揉搓大腿上部，以為這可能就是他要的，但我的舉動只讓他不耐煩。他伸手抓住我的私處，用力一捏，那老虎鉗般的勁道，讓我感受到強烈的痛楚沿著脊椎上下流竄。他用非常平靜的聲音告訴我，我不能對任何人說起這些談話，還有私下做了些什麼。

「你明白嗎？」他問：「你保證？」

我立刻答應，只希望他放手。過了一會兒他終於鬆手。我逃離這裡。

之後的幾天，我的下體痠痛難耐，尤其是在上廁所的時候。我發現我很難尿出來，會令我痛得難以忍受，常常得坐在馬桶上而無法站著尿。我會坐在馬桶上默默哭泣，在試圖排尿時承受劇痛。我不能要求看醫生，因為我完全無法忍受被人發現我遇到了什麼事。這對我來說是奇恥大辱，也根本不敢想像找人幫忙處理外公對我做的事。

生日禮物

那年，我生日後的幾天，一輛嶄新的自行車在家門口等著我，顏色是萊姆綠，黑色的輪子和銀色的輻條——遠比舊的那輛更大也更帥。我超愛這輛新自行車，媽媽很高興我這麼興奮。她告訴我，外公要帶我去鋪設了自行車道的公園，這樣我就能在那裡騎車，習慣新車。

我的興奮很快變為恐懼。我當時才明白，只有第三者在場的時候，外公才不會對我做什麼，而今天只有我和外公兩個人，在公園獨處。

一路上，外公不停跟我交談——足球練得怎麼樣？在學校開不開心？有沒有交到很多朋友？都是很普通的提問，我也給出很普通的答覆，感覺就像孩子和大人之間的普通對話。我開始慢慢放鬆。也許麻煩事結束了？

到了公園，外公把嶄新的自行車從汽車後車廂裡拖出來。我牽著車走向入口，外公走在我身旁。有條水泥步道向公園內部延展，鋪設得就像賽道，經過一座鴨塘，各種水鳥在那裡棲息。在公園的烤肉區，許多家庭放了野餐用桌椅，孩子們在遊樂設施和鞦韆周圍跑來跑去。幾個地方澆灌了大型的水泥腳印，看起來就像巨人走過公園，孩子們從一個腳印跳到另一個腳印。在公園盡頭，一條河蜿蜒穿過綠地，到處都看得到正在潑水嬉戲或坐在水上充氣浮床的孩子。基本上，這裡對我這個年齡的孩子宛如無憂樂園，我立刻愛上了這座公園。因為有巨大的水泥腳印，我決定叫這裡「大腳公園」。

如果換成另一個人生、另一個家庭，今天應該會是美好的一天。

外公坐在公園的長椅上，叫我去騎車兜風。我在步道周圍飆了幾回車，因為越來越熟悉新車而持續加速，直到外公叫我去吃東西。他幫我準備了汽水和洋芋片。我吃東西的時候，外公遞給我白色的紙袋。我打開袋子，拿出一件尺寸適合我的藍紅泳褲。

「穿上，然後你可以和其他孩子一起去游泳。」他說。

我左顧右盼，周圍到處都是人，包括和我同年齡的孩子。一想到被同齡人看到我沒穿褲子的模樣，我覺得十分丟臉，所以問能不能去廁所換衣服。外公說不行，我必須在這裡換，才能確認我的行蹤。我有點害怕，更感到尷尬，因為其他孩子可能會看到我脫衣服。

我把短褲拉到腳踝，把上衣和內褲留在身上，以便保護私密處。這是個既緩慢又尷尬的過程，外公叫我動作快點。他俯身靠向我，強行扯下我的內褲，幫我穿上新泳褲。他似乎對這件新泳褲很滿意，也很高興我能加入其他在河裡玩耍的孩子。

我才剛跳進水裡，外公就揮手要我回到長椅旁，說該回家了。我們沒帶毛巾，所以外公把我的上衣遞給我，套在我依然濕漉漉的身軀上。我伸手想拿回短褲，但外公已經把它收進袋子，開始走向汽車。他把我的短褲、鞋子和自行車放進後車廂。渾身滴水的我想拿回短褲，但外公猛然關上後車廂，差點夾到我的手。

「你這個蠢孩子。」他搧了我一耳光，真的很痛，然後把我拖去副駕駛座的車門外，打開門，等我爬進去。

開車回家的一路上，我們沒說話。他沒再問起我的學校或朋友。終於，他打破了令人難受的沉默。

「你喜歡那個公園嗎？」

「喜歡。」

「你玩得開心嗎？」

「開心。」

「你最近有沒有自慰？」

我開始發抖。

「怎麼了？」外公問：「你覺得冷嗎？」

我還來不及回答，他已經把手放在我的右腿上，開始上下摩擦，好像要幫我取暖。他每次撫摸，都觸碰我濕透的泳褲。

「你喜歡我這麼做嗎？」他問：「這樣舒服嗎？」

我開始劇烈顫抖，無法答話，而這似乎嚴重激怒了他。他把車停在路邊，俯身靠向我，用力拉扯我的頭髮，我痛得眼淚奪眶而出。他說我很不尊重他，需要學個教訓。我趕緊跟他說對不起，我不是故意惹他生氣的。

他的情緒很快再次改變。他說他愛我、我是他最喜歡的孩子。他說他關心我，而且以後問我喜不喜歡他正在做的舉動，我都必須用響亮又開心的語調說「喜歡」。

他把手放在我的泳褲上，又問我喜不喜歡他在做的事。

「喜歡。」我答覆。

「你希不希望我常常這樣摸你？」

我答覆：「希望。」但我已滿臉是淚。他立刻把手從我的泳褲上移開，飛快地往我臉上搧了一巴掌。

「嗯，」他說：「這下你有掉眼淚的理由了。」

從那天開始，外公一有機會就虐待我。他總是問我那些令人心神不寧的問題，然後把手放在我最不希望他碰的地方。

他完事後，會抓住我的頭髮或頸後，用力擠壓，痛得我眼眶泛淚。事後看來，我知道那是因為他對自己的行為覺得反感，所以必須找個辦法來將自己的舉動合理化。他告訴自己，是我喜歡他那樣對待我，或者我在某種程度上也有責任，所以他必須因此懲罰我。他必須找到某個辦法，好讓自己的良心過得去。這就是為什麼他非常討厭我哭。

之後當我獨處，以及他沒辦法再傷害我的時候，我會哭個痛快。

夢魘：釣魚和刨絲器

某天一大早，我在看電視。這是一個兒童節目，主角是個會說話的人偶，名叫阿古羅，我覺得他非常有趣。我很喜歡看他跟大人嗆聲，但如果我這麼做，一定會被打個半死。

這個節目常有個特別來賓，是個身穿帥氣制服的警察，被稱作「戴維警官」。他警告孩子們，跟陌生人說話可能會有危險。但事實證明，我人生中的危險並不是來自陌生人。

我正在看電視時，媽媽進來說要給我驚喜：外公要帶我去釣魚。我看著她，一時半刻有點莫名其妙。我提出異議，說我覺得不舒服，不想去。她生氣了，說我是不懂感恩的小混球。我應該感謝外公願意陪我、教我釣魚。

「這會讓他開心，」她說：「所以你也該努力表現得快樂點。為你的外公笑一個。」

外公的船是他的驕傲和喜悅——那是一艘芥末色的半艙船，船尾裝了黑色的水星牌馬達。他會駕船出海釣魚，或沿著布羅德沃特海口灣來回航行消磨時間，那個海口灣就在衝浪者天堂以北。我們這天就是要去那附近的一座放船斜坡道，乘船穿過布羅德沃特。

前往斜坡道的路上，外公問我有沒有釣過魚。我告訴他，我和一個朋友有時會去河邊撒網，但除了一條半死的蟾魚，什麼也沒抓到。

「那不是釣魚，」外公笑道：「我要教你怎樣真正地釣魚。」

我們乘船穿過布羅德沃特時，外公問我想不想開船，我當然說想。我以前從沒開過船，但外公教我如何掌舵、操作，就算我矮得幾乎看不到船頭。開船真的超有趣——推動節流閥，感覺船在水面上加速。

外公指向布羅德沃特中央一座小島，叫我往那裡開去。我們要在那裡下錨，因為他估計魚群會在那個區域附近上鉤。

果不其然，我們抵達時，水就像玻璃一樣清澈，布羅德沃特的沙地河床看起來只深至腳踝。我能看到成群的小魚在船下面游來游去，我猜我們會釣到一大堆魚。

外公打理一切時，叫我脫掉短褲、鞋子和襪子。

「為什麼？」我問。

「這樣更方便在船艙外走動。而且如果你掉進水裡，也能更方便地游到安全地帶。」

聽起來有道理，加上這天早上炎熱晴朗，所以我脫得只剩內褲。

外公準備好了釣竿和捲線器，教我如何上餌、怎樣把釣線拋得越遠越好。我每次收線，他都會朝我怒罵。

「等一下！耐心點。魚可不笨——牠們都是成群結隊出沒。你必須去抓脫隊、總是在找食物的懶魚。」

我的釣竿突然開始搖晃、彎曲。我抓到了第一條魚，興奮地開始收線！但是外公從我手裡搶走釣竿，收線的速度遠比我快。

「快把網子拿來。」他告訴我，我急忙抓起捕魚網，把魚從水裡撈起來。

「是條沙鮻，」外公查看後宣布：「而且很大一條！」

我開心極了。我抓到魚了！我這輩子第一次釣到魚！

外公教我如何把魚從魚鉤上取下，放進半滿的水桶裡。

他再次上餌、抛竿時，我看見桶子裡的魚正盯著我。突然間，我對自己的成果不再感到那麼開心。這條魚看起來既悲傷又孤獨，我為此萬分懊悔，做出決定：我就算這輩子再也釣不到魚也沒關係。

隨著上午的時光逐漸流逝，我定期檢查桶裡的魚，確保牠安然無恙。頭頂上的陽光越來越炙熱，所以我把水桶移到陰涼處。與此同時，外公因為完全沒有魚上鉤而沮喪，建議換個地點。但首先，他問我想不想游泳。

此時酷熱難耐，游泳消暑聽起來很不錯，但我不想將魚兒獨自留在船上。但我知道，如果跟外公說我為那條魚感到難過，他一定會瞧不起我，所以只跟他說我不想游泳，但拒絕解釋原因。

這讓他深深嘆了口氣。他改變話題，問我知不知道船的前面和後面叫什麼，接著解釋船的前面叫船頭（bow，編注：在英文裡有「鞠躬」之意），後面叫船尾（stern，編注：在英文裡有「嚴肅」之意）。

我覺得這很好笑——人們為什麼要把船頭叫作「鞠躬」，把船尾叫作「嚴厲」，而不是乾脆叫「正面」和「背面」？外公也不知道原因，但為了證明我現在明白船頭和船尾的區別，因此叫我站在船尾，我照做了。我搖搖晃晃站了一會兒，接著外公一個箭步上前，把我推進海裡。

海水其實比從船上看到的更深也更冷，我立刻被恐慌攫住，開始掙扎尖叫。

外公火冒三丈，伸手越過船緣，抓住我的胳臂，把我拖向通往甲板的梯子，用老虎鉗般的手勁把我固定在這裡。

「你得說喜歡我和你一起玩，才能回到船上，」他說：「告訴我你喜歡。」

我不發一語。我太害怕又不安，一句話也說不出來。水很冷，但冰水造成的刺痛讓我意識到，我已嚴重曬傷。

外公失去耐性，把我抓上梯子，推我進船艙。

「脫掉衣服，用毛巾擦乾身子。」他命令道。

我擦乾後，他叫我把衣物和毛巾遞給他，掛在船的欄杆上晾乾。我渾身赤裸，覺得尷尬又羞愧，便開始哭。外公叫我去坐在船頭——因為他實在無法忍受我哭泣的模樣。

船頭處無比滾燙——玻璃纖維在昆士蘭烈日下已曝曬了幾個小時。我試著坐下，但皮膚被燙得疼痛難耐；我站起來的時候，外公怒不可遏。

「坐下！」他咆哮：「否則我會讓你真的想哭。」

這句話令我害怕，就只好坐下，把雙手墊在屁股下，盡量避免被嚴重燙傷。但就算這麼做，我還是感到難以忍受的劇痛。

這天剩下的時間裡，我坐在自己的兩隻手上，毒辣的陽光灑在我身上。外公獨自釣魚。他不准我再次拋竿，而除了我們一起抓到的那隻沙鮻，他什麼也沒抓到。

我真心為那條魚感到難過，從我所在的船頭處，能看到陽光照射著水桶。我知道不管我在陽光下覺得多難受，那條魚一定更難受。

我終於詢問能不能把魚扔回水裡，外公說不能。

「我要讓你看看那些只顧吃東西、上學遲到的懶魚有什麼下場。」他從桶子裡抓起魚，拿出一把長長的尖刀。他直視我的眼睛，把掙扎的魚壓在甲板上。「說謊的小男孩也是同樣的下場。」

他把刀刺進魚的腹部，往上滑向頭部，然後把手指伸進魚的身體裡，活生生地掏出內臟；等牠停止掙扎，就把魚連同內臟扔回水中。

我試著不讓他看到我有多難過，但他肯定知道。他告訴我，我如果想告訴任何人他對我做過什麼，可別忘了那條魚的遭遇。然後他叫我赤裸裸地坐在他的膝上，一路開回布羅德沃特，回到放船斜坡道。

我回到家時，背部和肩膀的皮膚一片猩紅，如果躺下來就會痛到不行。

幾天後，曬傷處起泡脫皮，但我屁股的皮膚——那被迫坐在滾燙玻璃纖維上的部位——則受到了更深層的燙傷。這些燙傷處出現感染，我的內褲會黏在上頭，每次換褲子都會撕下一小塊皮膚，然後傷口就會開始流血。這個傷勢花了很長時間才痊癒，我在之後的幾星期一直處於難以置信的劇痛中。

我再也不想去釣魚，也完全不想再坐外公的船出海。每當有人提議「坐外公的船出海」，我就會大發雷霆，媽媽因此將我禁足，禁止我外出或做任何有趣的事。我不介意，因為這包括不准和外公一起釣魚。

媽媽很討厭我發脾氣。但我當時還是個孩子，對自己遇到的困境害怕無比，非常需要她的關注和保護。我只想緊緊摟著她，告訴她發生了什麼，但一直沒有合適的機會。她似乎總是有比我更重要的問題得處理，像是湊錢付房租、去賭博，或是去買她愛嗑的貝克斯藥丸，因為她每天一犯頭疼就會癱在沙發上。

施虐持續得越久，我就越覺得自己骯髒，覺得害怕，也因為無法阻止自己被施虐而難過。我越是氣自己，媽媽似乎就越看我不順眼。

有一天，媽媽無意間聽到我跟姊姊說我討厭外公，令她震怒無比。她毆打我，罵我忘恩負義，不懂得感激外公為了避免我們一家人四分五裂所做的一切努力。

「他為你做了這麼多，你竟然這樣對待他！」她扯下水壺的電源線，當成鞭子。「你這忘恩負義的小王八蛋！」

她用電源線一次又一次鞭笞我的腿，在上頭留下傷痕，我覺得又熱又癢。這些傷似乎也花了很長一段時間才痊癒。

她冷靜下來後會抱緊我，用溫和的態度告誡我，解釋說外公是個好人，我們都必須盡力表達感激。

有一次——只有一次，我試著對外婆吐實。我走近她的時候，她正在為外公準備晚餐，而外公在棚屋裡裝瓶私釀酒。外婆正在用刨絲器研磨乳酪，我鼓起勇氣，決定說出真相。

「外婆，」我說：「外公一直在傷害我。」

她停止動作。我清楚記得乳酪刨絲器停下來，然後感覺到劇烈疼痛。她轉過身，氣得臉龐扭曲，用刨絲器打了我。她打中我的肩胛骨，就在我脖子的正下方，還不斷繼續用刨絲器狠狠打我，直到我的上背部被割出格子狀的諸多小傷口。我無助又震驚，淚流滿面。

她突然停了下來，用雙臂摟住我，我意識到她在抽泣。

她給我一個大大的擁抱——這是我這一生中最大的擁抱——並告訴我，如果外公傷害我，那是我的錯。要不是我頑皮，他就不用懲罰我。她說她很抱歉，但我必須更努力當個好孩子。

我腿上的鞭傷疼痛難耐，也拖慢了我走路的速度，但跟乳酪刨絲器造成的細小傷口相比算不了什麼。這些小傷口出現嚴重感染，成了一塊塊猙獰的小痂——也提醒我閉上嘴，永遠不要對任何人吐露真相。

時至今日，我只要一看到乳酪刨絲器就會難受。但最糟糕的，是我還記得那個擁抱是多麼甜蜜。從來沒有人那樣擁抱我、向我展示真愛。那是我在那個年紀離真愛最近的一次。

多年後，我才明白在一個愛孩子、讓孩子免於傷害的母親的庇蔭下長大是什麼感覺。但那時候，我的人生已經走過了很長一段歲月。

第二章　名字有什麼意義？

來自陌生人的訊息

葛拉漢葬禮的一週後，我在臉書上收到了一條陌生人的訊息——來自一位參加過葛拉漢葬禮的年輕女士。她希望我去看看她的姑姑克莉絲汀．錢伯斯。克莉絲汀當時奄奄一息，聽說了葛拉漢葬禮一事，因此告訴家人，希望請我幫忙，介入她的葬禮。

我同意和她見面，但說真的，我有點驚訝。葛拉漢開口要我介入葬禮時，那是絕無僅有的請求：一個人受夠了鳥氣，決定對所謂的摯友——實為損友——採取非常具體的解決方案。

也因此，不到一星期就有其他人聯繫我，要我介入另一場葬禮，讓我覺得絕非巧合。我懷疑也許這裡頭有什麼蹊蹺。也許這就是人們需要的——**用某種方式在「我們的死有何意義、我們如何被記住」這件事上奪回主導權**。

我越這麼想，就覺得越有道理。我參加過的葬禮中，有多少儀式確實反映了棺材裡的人？幾乎完全沒有。我所認識最有趣、最古怪的人物（那些在生前朝氣蓬勃的人）被記住的方式，是透過乏味幻燈片放映的一連串淨化過的陳腔濫調，然後播放《翼下之風》這首曲子。

大多數時候，發表悼詞的神父根本不認識死者，只能邊演講邊想臺詞。我覺得這實在折磨人——穿著長袍的傢伙照本宣科，就像小學生試著在讀書報告上偷看小抄勉強過關。去他媽的。

我向來對虛偽和廢話過敏，尤其是跟宗教有關的那種。有誰希望自己的遺體被運到在生前幾乎不相信的上帝的教堂裡，就為了被一個陌生人頌揚？為什麼按社會規定，這項特定儀式就是必須加諸在每個人身上？澳洲應該是個世俗化的社會才對，你有權利相信任何適合你的神祇或宗教，或完全拒絕這類想法。

葬禮為什麼如此神聖不可侵犯？西方的喪葬觀念，並不是雲端上某個人吩咐的規定，而是經過數百年演變的儀式。它始於黑暗時代，當時的人把死者埋在成堆的岩石下，是為了防止遺體被狼挖出來！

就連當代葬禮其實也沒那麼當代，那又為什麼要搞成「只有一種尺寸應付所有大小」？縱觀歷史，喪葬儀式有成百上千種，各個社會都認為自己的儀式才是紀念親人逝世的唯一適當方式。有些文化是堆起火葬柴堆，把你的骨灰撒在河裡；有些文化是把你放在船上推出海，再拿箭射你；有些文化是把你的遺體扔下懸崖；有些文化是從你的鼻孔抽出內臟，用繃帶把你包起來，然後在你上頭建造金字塔。

我意識到，我即將著手去做的事會使一些人感到不愉快，而且引發爭議，但這套做法如此獨特，必定會引起世人關注。我就是在這時候做出決定：我需要為這種工作取個名字——不能隨便亂取，而是必須傳達一條明確的訊息：「我在這裡，無論你喜歡還是討厭我，你都不會忘記我。」

我為垂死之人提供的服務，是實現他們最後的願望，讓無助者在離開這個世界時沒有遺憾，所有恩怨一筆勾銷。在棺材前的告白。**棺材告白者**。

我將透過棺材告白者的身分，來為死者發聲。

在我看來，人們有權以任何自己喜歡的方式來擺脫這個世俗困境。每個人在死後都應該能像在生前那樣忠於自己。我要做的這種工作，是告訴客戶所愛的人們，客戶有多愛他們，並叫客戶討厭的人滾蛋。

愛，是這位淑女僱用我的原因

克莉絲汀很特別，她是個美麗的靈魂。打從我見到她的那一刻，我就喜歡她。她雖然年邁體衰，仍展現出純正老派的格調。她迷人、優雅又善良，是名副其實的淑女，就像《歡樂滿人間》的瑪麗．包萍從大銀幕走出來，來到澳洲郊區。

我們的第一次見面，原本應該只是一場短暫的商務會面，我卻待了幾小時，只是喝著茶，聆聽她的故事。她的人生很充實，曾周遊世界，小時候去過當時仍被英國占領的埃及旅行，後來和孩子及孫子一同度假。

到頭來，我和她共處了三天。其實我不需要待那麼久，但跟她和她的家人相處真的既輕鬆又愉快。這家子的互動方式讓我留下深刻印象——克莉絲汀對身邊每個人都滿懷關愛。我當時一直在想，她是個多麼有愛心的人，而且其他人也對她報以關懷。她在自己身邊建立了充滿敬慕之情的小世界。

我當時看著她，心想：我靠，真希望她是我媽，真希望我生在這個家。若能成真，我的人生不知道會多麼不一樣。她會是多麼優秀的母親啊——能在這個女人的影響下長大，一定非常美好。

當然，正因為與家人關係格外密切，如今面臨死別，她不知道會有多麼難過。人終有一死，必須在大限之日向親人道別，是無可避免的事實，但發生在克莉絲汀身上，似乎格外不公平。

說真的，我難過得心如刀割，實在不想看到這麼優秀的女人受苦，也完全沒辦法幫她減輕痛苦。

她患有白血病，這種疾病正從她體內深處摧毀她。她沒剩多少時間了，頂多幾個月。為了延遲無可避免的結局，她已經試過所有可能辦法，像是肺部手術和脊椎穿刺，都非常痛苦。她經歷了不可思議的折磨，卻仍然勇敢，且始終保持微笑。

一想到會失去她，她丈夫德里克因此一蹶不振。他是個有條有理的工程師，這輩子總是能找到解決問題的辦法。但他知道自己解決不了這個問題，並為之驚恐不已。

我覺得，我的參與讓德里克稍微安心點，因為這可憐的傢伙沒辦法應付這種情緒壓力。他常常掉東西，手上的茶灑出來，而且會突然淚流滿面。他是個好人，但情緒大受打擊。他無法想像沒有妻子的人生。我明白——雖然只共處了三天，但就連我也幾乎無法想像沒有她的日子。

克莉絲汀並不怕死，而是感到生氣。她怒不可遏，因為她將被迫離開自己建立的人生，而且這個結局無可避免。

她這種情緒令我印象深刻。沒錯，我心想，妳確實應該大發雷霆。媽的，妳瀕臨死亡，而妳環顧四周，看到有多少美好的生活值得妳體驗，但這一切都被剝奪了。

克莉絲汀是虔誠的天主教徒，並活躍於所屬教會。她堅信有來世，這給了她些許安慰，因為她知道會在天堂與家人重逢。

依據她的信仰，她將被天使包圍——祂們在她活著時安慰她，在她死後亦然。她在祈禱、獨自一人或覺得害怕時，會對天使說話。她一生都透過天使與逝去的親人交談，相信這麼做在某種程度上能讓他們繼續活著，能讓相關回憶獲得永存。

「我死後，盡可能多和我說說話，」克莉絲汀告訴我：「我會聽。」

我完全相信她會被記住，會活在人們的回憶中。她會在這世上留下一個巨大空洞，但她很滿足，也正盡可能以幸福的方式面對死亡。

克莉絲汀充滿愛，而說真的，這就是問題的一部分。這就是為什麼她要僱用我的原因。

克莉絲汀對這個世界沒有怨恨，沒有恩怨要解決，沒有敵人要面對，教堂裡沒有任何得罪過她的人。不，克莉絲汀的遺憾是她愛的某人，那個人不是她的丈夫，而是她一生最好的朋友凱蘿。

「我們該怎麼辦？」她難過地問我：「在我們身處的一九六〇、七〇年代，女人不能做出那種行為。」

我明白。那個年代，沒出櫃的男人可以拿「我就是想當單身漢」來當擋箭牌，就已經夠辛苦了，但女人卻被期待要結婚生子，做所有女人該做的事。那真令人無法想像。

如果克莉絲汀和凱蘿出生在現代，事情可能就不一樣了——開放的婚姻、多元關係……各式各樣的選擇。但在半世紀前，她們就只是兩個女人，有著一個甚至無法告訴彼此的共同祕密。

有些人能同時愛上兩個人，卻從不採取行動。這種事雖然從未發生在我身上，但可能發生在任何人身上，例如克莉絲汀。

愛的代價

葬禮辦得溫馨感人。我來到會場不是為了擾亂過程或找任何人麻煩，而且事實證明，這是一項美麗又恭敬的服務。

我選好的時機即將到來。在神父關於愛的演講和悼詞之間的停頓期間，我站起身，稍微清清喉嚨。

「打擾一下，我叫比爾．埃德加，是棺材告白者。我代表我的委託人克莉絲汀．錢伯斯來到這裡，她就躺在各位面前。」

我打開信封，大聲朗讀。

「致我的丈夫德里克，我全心全意愛你，請不要難過。我們會再次相見，但在此之前，好好過日子，享受你所擁有的——上帝知道生命多麼短暫。我會帶著我們一起創造的回憶。我愛你，謝謝你一直在我身邊。我已經不痛了，希望你會因為知道我沒事而減輕痛苦。我愛你，親愛的。

「致我的子女和孫輩，我真希望能看著你們長大，成為我知道你們會成為的美好人物。我會想你們，但也會守護你們。請永遠不要忘記我，而且盡可能多和我說話。我會聆聽。我愛你們每一位。願上帝祝福你們。」

我停頓片刻。教堂裡的氣氛肅穆但恭敬。沒人料到我會突然出現並打斷程序，但也沒人表示意見。在場每個人顯然都深愛克莉絲汀，也很高興能再次聽到她的字句。我低下頭，唸完她的最後一段訊息。

「最後，致我最親密、最好的朋友凱蘿，我愛妳。謝謝妳的愛和支持，不只是給我，也給我的家人。我希望妳知道，如果人生有所不同，我相信我們會不只是朋友。妳是我的力量來源，我很遺憾我們這輩子沒能在一起。德里克，把你的舌頭收回嘴裡。謝謝你們全都在場。我愛你們。」

說完，我把信闔起，坐下。

一般來說，我每次擅闖葬禮，都會把信留在棺材上然後直接走人，不過這次似乎多留一會兒也無妨。在場的人都很親切。會後，幾位悼念者感謝我朗讀克莉絲汀最後的訊息，並邀請我去守靈。我禮貌地拒絕了，因為這似乎超出了我被聘用的工作範圍。

事實證明，克莉絲汀公布的祕密愛意，對在場任何人來說都不算太大的衝擊。她的親友都知道她和凱蘿之間的特殊情誼，雖然並不知道這份感情究竟有多深。

克莉絲汀請我悄悄告訴凱蘿，她是多麼想和她在一起。而凱蘿顯然也算是知道真相，而且也抱持同樣的情感。她們甚至曾一度差點透露對彼此的感受，但從未採取行動。

和克莉絲汀一樣，凱蘿似乎很遺憾彼此一直沒找到出路。她們都很長壽，都有深愛她們的丈夫和家人，但雙方始終愛著彼此。這想必是一種折磨。

我完全看不出凱蘿有任何同性戀傾向，但我早就學到一個教訓：**不要光看表面論斷**。我跟她握了手，再次表示哀悼，然後離去。

她真的滿難過的。葬禮結束很久後，我才徹底明白人們有多麼懷念克莉絲汀。我到現在還會想到她，以及她曾擁有的非凡人生。

正如她生前叮囑的，我會不時對她說話。她是罕見的、真正了不起的人物，這樣的人值得被記住，而且是以他們真實的樣貌：她滿懷著愛度過這一生。

第四章　勿愛我

不是我家的孩子

我媽並沒有像母親應該愛子女那樣愛我。她甚至沒有像愛我的姊姊或弟弟那樣愛我。我排行老二，但只有我會讓我媽想到我爸。她對他恨之入骨，而隨著我長大，她明確表示她也恨我，因為她每次看著我，都會想到他。

她甚至逼我改名字，就為了避免聯想到我爸。我爸名叫比爾·埃德加（簡稱比爾），她有天堅持要我改名叫史考特·羅賓森。史考特是我的中間名，羅賓森是她的娘家姓。她禁止我或任何人叫我比爾。如果我自稱威爾或比爾，就意味著挨打。所以我成了史考特。

我小時候，以為家庭就是這麼回事：陰晴不定，充滿無止境的爭吵和忽視，尤其是情緒虐待。我十一歲那年，認識了我的兒時摯友麥克，才第一次窺見什麼是真正的家。

登記到社會住宅後，我們突然有了自己的家，遠離原本的大家庭。家裡只有我媽、我的兄弟姊妹，還有我。

這個家在另一個郊區，意味著我必須在年中的時候轉學，並重讀六年級——我因而得以遠離外公，轉學離開熟悉的環境與朋友，算是很小的代價。

況且，新學校遠不像舊學校那樣問題多多。這是一所公立學校，專為黃金海岸地區打造，招生區域包括舒適的上流社會濱水區，以及龍蛇雜處的郊區，包括我住的社會住宅區。因此，這所學校成了怪異的混合體，裡頭有像我這樣的窮小孩，但也有注定要上私立高中的富孩子。

事實證明，其中一人將是我這輩子唯一的摯友。麥克和我一樣熱愛運動，在足球場上和我堪稱勢均力敵。我們在操場上認識，算是一拍即合。

在那個年齡，我根本不知道窮孩子和富孩子之間的區別和分歧，而且我們從事的活動就跟附近所有孩子一樣。我們會在自行車道上競速，在溜冰場閒晃，或在馬路上玩幾個小時，直到太陽西下，路燈亮起。

有一天，麥克問我要不要去他家打網球。

「我很樂意。」我如此答覆，雖然我從沒去過他家，不太確定網球是什麼，從沒見過球場，也不知道怎麼打。

幾天後的星期六，我早早起床，騎自行車來到BMX賽道，麥克在這裡跟我會合，然後帶我去他家。我們沿著綠樹成蔭的人行道騎行，來到一條閃閃發亮的黑色車道。從馬路到他家至少有四十公尺遠，這棟房子是這個街坊最大的建築。老實說，我當時的第一個念頭，是麥克一定住在汽車旅館裡。我實在無法想像私人住宅竟然如此壯觀。

我對「房子」的理解是一棟有兩個臥室的組合式房屋，裡頭擠著三代同堂。但麥克家為每位家庭成員準備了獨立的臥室，甚至還有客人專用的客房。光是車庫（有五個車位）就比我住的地方還大。我家後院是一片用廉價木板圍起來的泥土地，麥克家後面有座游泳池，還有一座標準尺寸的網球場。

「咱們開打吧。」麥克說。他帶我繞過房子，來到球場，遞給我一支網球拍。

我以前從沒拿過網球拍，所以只是看著麥克的動作並模仿。我第一次揮拍，就把球狠狠打了回去，他大吃一驚。第二次也是。我的每一發回擊都打在贏球的致勝位置。

麥克愣住了。

「你還跟我說你從沒打過網球！」

「我沒打過啊，我說的是事實！」

隨著比賽進行，看他越來越沮喪，我覺得很有趣，但我說的是實話。我就是能理解，就跟其他所有運動一樣。不管是什麼運動，只要給我幾分鐘摸索，我就能好好發揮。我猜這就是我的天賦所在。

麥克甚至比我更熱愛運動，尤其是足球，但也喜歡滑雪。昆士蘭位於亞熱帶，滑雪在我眼中不算是特別值得追尋的運動項目，但他家擁有的財富，讓他能在雪地度過所有假期——開車走遍澳洲，或搭機飛向國際。

麥克擁有男孩子想要的一切，甚至更多。他擁有最好的東西，無論是玩具、電視機還是衣服。他總是穿著得體，擁有最新的必備酷東西。

他從不知道「匱乏」是什麼感覺，而如今回想，他可能缺乏某些人生經驗，所以無法了解並不是每個孩子在成長期間都擁有這種特權。他在物質方面非常慷慨，例如他父母買給他一輛新的自行車，他就把舊車給我。我實在不敢相信——這輛不可思議的ＢＭＸ競速車，比他新的那輛小一點，而且基本上根本是全新狀態，他竟然就這樣送給我。

他爸媽對我也一樣好，待我如己出，歡迎我進他們的家門，讓我留宿，還招待我享用肉與蔬菜俱全的正餐。麥克的家人圍坐餐桌用餐，使用精美的餐具，飯廳裡氣氛愉悅，燈火通明。這對我來說根本是超現實，就像走進電視上的家庭裡。

我和麥克一家共度的時光，是我印象中整個童年裡唯一讓我覺得安全的時光之一。他的生活，跟我離開他家、回到自己家相比，就像兩個不同的星球。

我有次試著告訴麥克，我在家裡發生了什麼事。我以前從沒向任何人傾訴過。我開始遭到虐待時，深怕如果告訴任何人，遲早會被外公得知我告狀。後來這種遭遇讓我覺得丟臉，再加上已經持續了這麼久，所以羞恥之外又多了恐懼。麥克是我認為也許能吐露真相的第一個對象。

我記得在某個下午，我們一起騎自行車出門時，我問他，他的外公有沒有碰過他。

「啊？」他一臉震驚。「當然沒有！你這話是什麼意思？碰過我？你外公會摸你嗎？你究竟在說什麼？」

我立刻換上辯解口吻。「不，當然沒有。我只是在電視上看到的。哈！」

我再也沒提起這件事。

意外的面試：南港學校

我十二歲那年，有天在踢足球時注意到場邊有個男子專注地看著我。因為我目前為止的人生經歷，我非常提防陌生人，尤其是會看著小男孩踢足球的中年大叔，所以他在賽後走向我、稱讚我在球場上的才華時，我充滿戒心。他問我有沒有想過爭取獎學金。

「那是啥？」我問他，他似乎對我這麼問感到驚訝。

「這個嘛，意思就是你能去一所特別的學校，給特殊的男孩子上的學校。」

他提到的學校是「南港學校」，是一所名聲優良的聖公宗派私立男校。那種地方把畢業生稱作「老男孩」而非「校友」。

我還是不太明白這位招募員的意思，但我喜歡「被選進一所只讓特殊男孩上學的學校」這種想法。我當時不明白的另一件事是，除了「含著超大支金湯匙出生」這件事之外，那所學校的男孩其實大多都不算特別。

但我認得那所學校的名字，那是麥克以及跟我同年級的一些男孩在小學畢業後將要去的地方。能和麥克一起去同一所學校——我覺得這個想法聽起來很棒，所以我開心地接過男子交給我的信封，帶回家交給我媽，讓她閱讀、簽名和寄回，她也照做了。

幾個月後，在足球場上找我的那人聯繫了我媽，邀請我倆參加面試，如果順利，我就能獲得全額的獎學金。我很開心，但我媽的態度有點保留。我們至今依然一貧如洗，她也非常清楚這個事實。她只在慈善商店購物，平時穿著工作服或牛仔褲配T恤。儘管如此，我媽還是為自己的外表感到驕傲，無論什麼場合都努力讓自己呈現最好的一面。

我記得來到南港學校時，感覺就像在另一個世界著陸，我只在電影上看過類似的地方。在我的認知裡，學校應該是幾條長長的走廊，旁邊是一片草地，幸運的話，可能還有幾間可拆卸式的臨時教室。相較之下，南港學校是二十世紀初的帝國磚砌建築，有著尖頂、拱柱和拱廊走道。

長長的車道兩旁豎立著參天大樹，我瞥見一望無際、修剪整齊的草坪和運動場：沒錯，這裡是有足球場，但也有幾座用於板球的橢圓形場地、籃球場、游泳池、健身房，以及存放帆船和划船設備的棚屋。在那天之前，我在團體運動方面的經驗都是在公園和公共橢圓形球場上進行的，這類場所要麼乾燥破舊，要麼泥濘破舊。

接近優雅的建築群時，我們開車經過一座高聳哥德復興式鐘樓的陰影下，那是我見過最大的鐘。媽媽解釋，那是「大笨鐘」的迷你複製品，倫敦議會的著名鐘樓。我們下了車，沿著整潔的人行道走向接待處時，銅鐘開始作響，那是我聽過最美妙的聲音之一。在接下來的幾年裡，我常常在時鐘的陰影下等候，就為了聽到這個聲音。

我們沿著通往接待處的小路行走，經過一座大型聖公宗風格的教堂，它坐落於精心照料的花園，這裡種滿五顏六色的鮮花，以及鬱鬱蔥蔥的綠草。我完全沒有昔日經歷能和眼前所見做比對，只能想像這就是查理走進威利．旺卡的巧克力工廠那一刻的感受。

進入室內，迎接我們的是兩個男孩，我原以為他們穿著商務西裝：藍色襯衫、灰色褲子、海軍藍西裝外套，以及擦得黑亮的皮鞋。我很快得知這是正式校服，是在特殊場合穿的。這些彬彬有禮、自信十足的年輕人是南港學校的學生。

他們護送我和我媽來到食堂，這裡的光線來自三層樓高的彩色玻璃窗。我們發現一張長形白桌上放著茶、咖啡和餅乾，男孩們問我們想要什麼茶點。

媽媽為自己點了咖啡，幫我點了橙汁。送上的果汁沁入心脾，我啜飲時，兩名年輕人向我們說明環境。我們所在的建築建於一九〇一年，是鐘樓的一部分。我們花了幾分鐘欣賞彩色玻璃、藝術作品，以及學校體育冠軍的照片——他們曾代表澳洲參賽，或在奧運會上贏得獎牌。

後來，一位身著優雅西裝的老紳士出現，自稱是學校的校長。他握了我媽的手，還拍了拍我的頭，弄亂了我媽花了大半個早上幫我整理的頭髮。

我們跟著他來到校長室，裡頭相當寬敞，天花板很高，他的嗓音四處迴響，聽起來就像房間裡空無一物，但這裡布置得很漂亮，有古董書桌、軟墊椅子、檯燈和藝術品。

「恭喜你成為助學獎學金的準候選人之一。」他告訴我，並詳細說明南港學校及其自豪的體育成就。他確信我會順利融入體育界，因為他聽說了我在足球場上的能力。

他轉向我母親，描述了獎學金的細節，像是怎樣才能符合資格、其中包括什麼項目。

然後，這場面試似乎已經結束了。我確信我們以某種方式失敗了。從他輕快地站起身、感謝我們前來的樣子來看，我們一定說錯或做錯了什麼。他叫我們等著在接下來的幾週裡收到郵寄答覆，而這似乎證明我們不在他的計畫之內。

他帶我們來到大廳，建議不妨在學校四處看看。他請一名學生護送我們，並回答我們可能想問的任何問題。能多看看這所學校，我很興奮，但我母親拒絕了。我們很快就準備離開。

我們走向汽車的路上，兩個年紀跟我差不多的男孩經過，都穿著西裝。我意識到，這些男孩是跟我爭奪獎學金的對手。當我問媽媽時，她生氣了。

「只有上流社會的男孩子才能上這種學校，」她說：「那絕對不是你！我們這種人不屬於這裡。我一開始就不應該帶你來。」

一想到我只能「看到」這所學校卻不能來這裡上學，我真的很難過。我問她，能否在沒有獎學金的情況下送我來這所學校。她投來的眼神像刀子一樣刺穿我。

「你是白癡嗎？」她質問：「你知不知道上這種學校要花多少錢？少蠢了！」

開車回家的路上，我難過得差點哭出來。我注意到媽媽因為覺得受到羞辱而掉淚，害得我更加難過。她看起來像是覺得既受傷、羞愧又憤怒。我清楚記得自己當時告訴她：沒關係，我其實並不想去一個只有男生、沒有女生的學校。

沒錯，我是很失望，但回到家時，我已經徹底放棄了獲得獎學金的希望，把這件事拋諸腦後。

恭喜！

一般來說，郵差會騎車到我們家門前的郵箱，把信放進去，隨即離去。但在一九七九年十二月的某天早上，他下車來到車道上，親手把一個大型的黃色信封交給我媽。我當時和弟弟在後院打板球，所以我來到屋前，緊張地看著媽媽拿著信坐在門廊的臺階上。我對這種尺寸和顏色的信封的理解是：這種東西意味著家裡有人犯了法，不然就是我們不得不再次搬家。

媽媽叫了我，要我和她一起坐在臺階上。

「你知不知道這是什麼？」她在我面前揮舞信封，讓我看到上頭的南港學校校徽。我這才意識到，這個信封裡裝著我一直在等候的答案。突然間，我幾乎無法按捺興奮的情緒。媽媽提醒我別抱希望，還要我保證就算失敗了也不會難過。

我做出保證，然後她聳聳肩，打開信封，拿出厚厚一疊信件，看起來至少有五十頁，印刷裝訂整齊。我花了一點時間才認出第一頁上的第一個詞，但認出這個詞就夠了。這個詞是「恭喜」。

這是媽媽從未對我說過的詞，但我從其他球員的父母，還有我的足球教練嘴裡聽過。這個詞表示你做得很好，取得了一些成就。這個詞不可能意味著任何壞事，只意味著好事。我贏得了獎學金，將和其他「特殊」男孩一起去南港學校，全國最好的學校之一。

這份文件概述了所有細節，也描述了相關步驟，以確保我會為第一堂課做好準備。我獲得了五年的助學金，意味著除了制服、課本和遠足之外，其他費用都會由學校支付。

開學前，媽媽帶我去了校服店，驚恐地得知校服——二手鞋、襪子、短褲、兩件襯衫和一件運動服——要花費五十塊錢。對媽媽來說，這等於兩星期的房租，她真的拿不出來。因為我是經濟困難的獎學金學生，所以學校給了我們一份租賃協議，內容涵蓋租用教科書以及數學課和科學課需要的高級計算機，但到頭來，媽媽還是不得不乞求外公施捨。

我開心極了，還記得穿上這所一流名校的嶄新制服，在浴室裡的骯髒鏡子前欣賞自己。我感到自豪。我不僅能進入這所擁有諸多神奇設施的神奇學校就讀，而且是靠自己贏得了這個地位。

更好的是，我能和摯友麥克一起在那裡念書，他出生在富裕人家，本來就注定要上南港學校。我原以為我和他會在上高中時分道揚鑣，看來並非如此。

局勢正在好轉。我等不及南港學校開學，記得我當時希望，如果這所學校每個人都來自麥克那種家庭——富裕又幸福——那麼我所有的同學都會跟他一樣又酷又有趣。但我很快就發現，麥克其實是例外。一般來說，出生於巨富之家，反而會把你塑造成十足的普通人。

第五章　只要有遺囑，就會有親戚

還未入土長眠，就已吵成一團

我親眼目睹了金錢能如何毀掉一個家庭，這種事天天發生在南港學校的有錢孩子身上。在棺材告白者的工作中，我看到更奇怪的「金錢與家庭」交互作用，這兩者通常是相當令人不愉快的組合。

瑪麗住在黃金海岸的封閉式退休社區。這是個隱密又美麗的養老村，位於高級又昂貴的街坊。她那一戶就價值幾百萬澳幣。

所以，瑪麗並不是在貧困中度過最後的日子。她這輩子一直過得很好——她丈夫為「必和必拓礦業公司」工作了幾十年，在一九八〇年代死於一次工傷事故。當時的礦業已經大規模工會化，所以公司確保她得到了充足的補償。雖然事故奪走了她的丈夫，但賠償金足以讓她舒適地度過餘生。

但她沒把錢花在自己身上，而是給了孩子，好讓他們安頓好生活；甚至再次抵押房子，就為了協助他們購買房產。她為孩子付出了一切，而這就是問題所在。

瑪麗的故事是個悲劇。在我看來，她是個偉大的母親，更是一位好祖母，建立了充滿愛的家庭，這就是她畢生的目標。她投入所有金錢和情感資源，為孩子創造更美好的生活，而她也做到了——這一切都得以成真。

日子原本很美好，直到她瀕臨死亡，一切為之分崩離析。一確認她來日無多，她的孩子就開始為了爭奪財產而爆發內戰。瑪麗向來小心，已經為分配財產做好了所有適當安排。她寫好了遺囑，也向家人透露了資產將如何分配、誰將繼承什麼。但每個孩子都認為自己分得不夠多，甚至在瑪麗還活著的時候就對她的遺囑提出異議。

據說，瑪麗其中一個女兒正在跟律師合作修改遺囑，因為她覺得另一個有婚外情的女兒沒資格拿任何遺產。很自然地，這引起了手足之間的諸多恩怨。他們彼此惡鬥，甚至站在可憐的瑪麗的病床邊，把她牽扯進爭吵之中。

情況真的很糟，她還沒入土長眠，她的家人就已經做出卑鄙的表現。她這輩子付出的一切，為孩子做的一切……他們根本不在乎。他們只想要更多。

為了安撫孩子，瑪麗幾次試圖修改遺囑，但另一個孩子就會去找律師，爭辯說她處於精神耗弱狀態，判斷力有問題。

後來，瑪麗受夠了子女的行為，決定做出最後的報復。**你們要這樣對待我？行，那就別怪我臨死前放火燒山。**

所以她從醫院打電話給我——她在那裡住院，而且顯然沒辦法活著出院。她要我去她家，找出她的遺囑，予以銷毀。既然她的孩子及律師想整她，那她也不會對他們客氣。

隨著遺囑被銷毀，她的子女就必須自行爭奪，而不是隔著她的病床朝彼此開槍。待塵埃落定，瑪麗早就不在了，這也不再是她的問題。

之人的請求。

我猜她希望的是，如果她的孩子看到自己把她逼到多麼絕望的地步，就會清醒過來，像成年人一樣坐下來冷靜對話。雖然我覺得瑪麗這個辦法的成功率不高，但我並不打算拒絕臨終之人的請求。

我採取行動前，先調查了她要我做的事是否合法。我原以為會有某種法律阻止我銷毀某人的遺囑，尤其在他們死前，但我驚訝地發現這種法律並不存在。只要我能拿出瑪麗提供的書面許可，證明她允許我進入她家，她也給我進入她家的工具，那就沒有任何人能阻止我。

為了進入瑪麗在封閉社區的住家，我必須通過一道安全門，她也給了我密碼。找到她的住處並不難——在這個極為富裕的社區裡，她的住處相對來說是個不起眼的小單位。我意識到，她為了給孩子生活上所有的優勢，要求自己過著非常節儉的生活。

我進入她的住處後，查看了梳妝臺最下層的抽屜，她說過我會在這裡找到一個錫罐，裡面裝著許多密封的信封，每個都署名給某個親人。我留著這些東西，以便交給瑪麗。最大的信封上寫著「我的遺囑」。我燒掉了這個信封。按照瑪麗的指示，我將它點燃，讓灰燼隨風飄散。我拍攝了整個過程，好讓瑪麗確認這個願望已經實現。

我最後一次拜訪瑪麗時，給她看了影片，還拉了張椅子到她床邊，好讓她看得更清楚。

「很好，謝謝你。」她虛弱地微笑，閉上眼睛。「我很感激你為我做的一切。」

我對她說這是我的榮幸。我收拾東西準備離開時，瑪麗伸手過來，放在我的胳臂上。她的皮膚像縐紙一樣又軟又乾。

她示意我留下。「你走之前，能不能幫我最後一個忙？」

應她的要求，我把我的電話號碼設為私密，以免被通話對象看見，並打開擴音模式，好讓瑪麗聽到談話。我打給她的大女兒，遺囑爭奪戰中的主要參戰者。

她接聽後，我自我介紹是私家偵探，受她母親僱用。我告訴她，我已經按照瑪麗的指示銷毀了遺囑。

對方停頓很長一段時間，然後從電話那頭傳來強烈怒火。

「你竟敢做出這種事！」瑪麗的大女兒尖叫道：「你他媽的以為你是誰啊？我要叫人逮捕你，你這該死的蠢貨！你在哪？警察就在路上。老娘他媽的非宰了你不可！」

她徹底失控。我保持無動於衷。我幾乎天天都會收到來自哪個可愛人物的死亡威脅，所以不痛不癢。我也不擔心警察——在執行瑪麗的請求之前，我已經和他們再三確認過。

所以我任憑這個女人大發雷霆。她似乎不太滿意這一天的發展。

整個通話過程中，她的大女兒情緒崩潰之際，可憐的瑪麗一直抓著我的胳臂。我能感覺到她在無聲發笑、顫抖，但我永遠不會忘記她聽著女兒怒罵我時，臉上是什麼表情。她把一條小毛巾壓在臉上，盡量不發出任何聲音（因為她的笑聲很特別），但臉上還是流下淚水。我無法想像她當時的感受。這是個怪異又令人難過的情況。

過了一分鐘，瑪麗拍拍我的手，示意我可以掛了。

「祝妳有個美好的一天。」我對她說，隨即掛斷電話。我對瑪麗說了最後的告別，然後來到戶外的陽光下。

我永遠不會知道遺產大戰如何落幕，只希望瑪麗的孩子最終能清醒過來。她看起來像個可愛的老太太，一生都獻給了子女，最終卻陷入絕望。也許她為他們做得太多了？無論如何，從那天起，他們如果想爭奪她的錢，就只能找彼此下手。我的任務結束了。

中樂透的煩惱

我有另一個客戶，一個還沒過世的人，對家人隱瞞著一個關於金錢的祕密——事情不是你想的那樣，不管你在想什麼。真相很誇張，就算按照我這種專門擅闖葬禮的人的標準來看也很瘋狂。

這名男子找上我，表示想聘用我，但要我明白他並沒有瀕臨死亡，身體其實很健康，只是想確保暗藏多年的某個祕密會在他的葬禮上揭開。這位紳士的祕密是：他這輩子從來沒工作過。因為他很早就中了樂透，獲得了天文數字的巨富，數以千萬計的澳幣。

他一中獎就意識到，如果被人們知道他多富有，人們對待他的方式將因此改變，他將成為詐騙和博取同情的目標。他是心地善良的人，想過普通的生活，所以沒讓任何人知道自己中了獎，而是把錢拿去投資，然後繼續過日子。

事實證明，他投資眼光獨到——因此變得更加富有，但這讓他的問題變得更大。

他必須想辦法解釋自己為什麼這麼有錢，所以多年來一直假裝去上班。他每天早上穿上西裝，坐進車裡，然後開車打發一整天。他會去吃一頓豐盛的午餐、看場電影之類的。

他生活中的每個人都以為他是天才生意人，但局勢已經演變到他絕對不能洩露祕密的地步。我的意思是，二十多年來天天假裝工作，你要怎麼突然對妻子說出真相？

他知道這是個荒謬的難題，但也認為這件事很爆笑。而我認為，他其實真的很喜歡被每個人都當成天才生意人。

現金囤積狂

我有個客戶名叫瑪莎。她真的很有意思，超會搞笑，性格隨遇而安，在什麼事情上都能看出有趣的一面，甚至包括死亡。瑪莎的態度基本上就是：沒錯，她很快就會死，這算是個問題，但每個人遲早都會遇到，所以何必擔心？

她是個真正的老派怪咖：她是個囤積狂。嚴格來說，是專囤現金的囤積狂。

出於某種原因，她不信任銀行。她有一種強迫症，把所有現金藏在家中各處。她那一代有很多人習慣在家中各個角落藏個二十塊錢，以備不時之需——瑪莎只是做得更為極致。她不是把錢藏在某個安全處（例如餅乾罐），而是**真的**把錢藏在屋裡各個角落，像是沙發坐墊之間、天花板通風口，還有穀片盒。

她付錢給我的時候，是找來一個古老的塑膠肥皂盒，從裡頭拿出老舊的百元紙鈔。這種鈔票幾十年前就被淘汰了，但她一直把錢藏在這個草率的藏匿處。

瑪莎的丈夫一直沒注意到她的囤積行為，就算在他們共度的歲月裡，她不斷試圖告訴他，在丟掉任何東西之前一定要先仔細檢查，因為她可能把錢藏在裡頭。他有次把在櫥櫃後發現的過期湯罐頭丟掉，她大發雷霆，因為她其實已把那個罐頭洗乾淨，在裡頭藏了一百塊錢。

她一直試著讓他了解自己的習慣，但效果甚微。幾十年過去了，她的囤積行為越來越嚴重，她丈夫也變得越來越暴躁。他覺得該扔掉某個垃圾時，就不會手下留情。

後來，毫無預警地，瑪莎快死了。她百分百肯定的是，她雖然懇求丈夫仔細檢查屋裡的一切，但他就是不會照做。按照她的說詞，他下次打掃房子時，很可能會扔掉大量現金。

瑪莎非常認真看待這個問題，所以在每件外套的口袋裡都藏了不少錢，那些衣服仍然掛在她的衣櫥裡。她僱我在她的告別式上走到她丈夫面前自我介紹，並朗讀以下信件。

「嗨，唐納德，吾愛，把我的衣服捐出去之前，請務必先仔細檢查。而且，別忘了你身邊都是愛我倆的人——你只需要伸出手，你這個脾氣暴躁的老混蛋。我愛你，謝謝你為我做的一切。你讓我的生活變得精采，且充滿愛。老唐，我會與你同在，所以無論你何時想對我說話，我都會聽。我永遠愛你，你的寶貝。附注：我沒在開玩笑，務必檢查我衣服的口袋。」

人們在生命走到盡頭時，最看重的東西常常會改變。他們花了一些時間弄清楚自己最看重的不是金錢，我為他們感到高興。人生走到盡頭時，金錢這種東西是帶不走的。

不過在人生剛要啟航的時候，有錢真好。

第六章　慈善保留名額

校園霸凌

我家所在的那個街坊實在太窮，所以在我上高中的第一天，還沒踏進校園，我就被打了一頓。

想從我住的社會住宅區去南港學校，就必須先騎車去這個郊區的另一邊，再穿越另一個社會住宅區，也就是進入不該進入的地區。這是一場漫長的自行車騎行，我必須騎上一座大丘，然後沿另一邊滑下。

上學第一天，我在路上拚命踩踏板爬坡的時候，我這個街坊的一個孩子看到我。他看了我一眼，見我穿著時髦的制服喘氣踩踏板，就覺得不順眼。我經過時，他朝我扔來巨大的金屬拖把桶，正中目標，我被撞進排水溝裡。

另外三個孩子圍上來，打算痛打我一頓。我雖然想還手，但不想弄髒新制服，所以不斷閃躲，試著避開拳頭並還擊，還得為南港學校保持整潔。接著我的臉被一記勾拳擊中，鼻孔湧出鮮血。這替我增加了難度——我得一對三，還得試著捏住鼻孔止血。

直到我打中他們幾拳，三個孩子都跑掉了，這場戰鬥才停歇。危機解除後，我把自行車從倒下處扶起來，發現前輪在摔車時被撞歪了。我把車子藏在附近的灌木叢裡，拍掉身上的灰塵，徒步走完剩下的路。

我原以為自己做得很好，逃離了威脅，直到我來到學校，在鏡子裡查看自己。我的襯衫被血浸透，褲子上到處都是草屑，皮膚上黏著碎石。我看起來一團糟。

看到我的模樣，一個老師叫住我。

「你怎麼了？」他想知道。

「我……呃……」我不想承認我有打架。「我騎腳踏車摔車。」

「那你最好學會怎麼騎車，孩子。」

從那天起，我就知道絕對不能在騎車上學時穿制服。我會穿普通衣服，把南港學校制服塞進在書包裡，盡可能快速經過家附近的高中，抵達學校後再換上。接下來的幾年裡，這一直是我的日常。

我在南港學校的學習生涯開始得不算順利，之後也沒改善多少。

自學孤兒

我遇到的主要障礙是，我不識字，也不會寫字。雖然我認得字母表中的所有字母，但就是沒辦法把它們從視覺轉換進大腦。就算我試著集中精神，它們還是在紙頁上游來游去。

我雖然盡量試著自學，但我理解文字的方式跟別人不一樣。我把「貓」這個字拼成「KAT」，是因為我是在Kit-Kat奇巧巧克力的包裝紙上學到「KAT」這個發音。我絕對確定貓這個字就是這樣拼，也搞不懂怎麼會有人把第一個字母寫成C，正如我的老師無法理解我為什麼認為寫成K才更合理。

我能在聽到某些單字時拼出來，例如「look」這個字的拚寫方式十分符合發音，「day」也是。但我還是搞不懂為什麼有些字母不發音。我他媽實在搞不懂，為什麼有人會在「knife」這個字前面多放一個K。這他媽的怎麼回事啊！

名詞、代名詞之類的狗屁，我就是搞不懂。我能透過唸出並拼出字母的方式來閱讀告示牌，但只要任何字是縮寫，我就完全看不懂了。

我後來才知道我有閱讀障礙。如果當時有個現代的老師，而且在乎我的狀況，就會立刻發現我的問題，找出適合我的教學方式，讓我有效地學習讀寫，我的人生就會完全不一樣。當然，這並沒有發生。

據我觀察，南港學校並沒有上演鼓舞人心的反敗為勝故事。沒有電影《春風化雨》那種良師想改善高風險孩子的身心狀況和自尊。如果有，我確實沒遇到。

我遇到的老師，要麼是基本上從沒離開這所學校的老男孩，要麼是來自外界、野心勃勃的老師，想在昆士蘭最負盛名的學校任教。無論是哪種，都是很糟糕的勢利眼。這些假貴族自以為高貴，就因為他們在澳洲一流的教育團隊中找到一份工作。

他們不知道該拿我怎麼辦。發現我不識字的時候，每個老師都因為必須要教導我而火大。

他們的態度是：「這個住在拖車公園的臭小鬼，竟然能在我們深愛的這所學校上學？我們還必須教他？不可能，我們才不想浪費時間。」他們從第一天就討厭我。

我在課堂上掙扎幾星期後，某個老師把我送去輔導班，這是專門為那些苦於基礎算術的孩子準備的班級。我能理解數學，這方面不是問題，但那裡的老師就是拒絕教我。

「我不是來教白痴的，」他告訴我：「尤其是來這裡上學卻不用繳學費的白痴。」

「好吧，」我咕噥：「回頭見。」

之後，這些老師會記下我有出席，然後就叫我去校園各處做雜務。所有教員似乎達成了不言而喻的共識：既然他們沒辦法教我什麼，就乾脆把我當作僱來的雜工，或是更低賤的地位。

「噢，你是慈善保留名額，」某個老師在新學年的第一天向全班宣布：「慈善保留名額，你去坐最後面，坐在地板上玩蠟筆。」

很自然地，學生們很快就仿效了老師們對我的不尊重，其中幾個我從小學就認識。我記得我有天接近提姆（我跟他以前的交情一直不錯），當時他正在打手球。我雖然在學業上有困難，但依然擅長運動，一有機會就想打球，所以要求參一腳。我立刻被拒絕了，這群人當中體格最大的傢伙還不忘把握機會對我嗆聲。

「慈善保留名額，你怎麼還在這裡啊？」他大喊：「你媽一定是妓女，否則你怎麼可能上得起這所學校？」

我還記得他的鼻梁斷裂時發出的喀啦和爆裂聲。那一拳打得他屁股著地，他眼眶泛淚坐在那裡，一臉驚恐，摀著鼻子開始哭。這一幕比任何報復行動都更令我震驚——在我那個街坊，沒有人會被一拳撂倒，尤其是他這種體型的大塊頭。

我轉過身，準備對付他所有的夥伴，以為他們現在一定會對我動手，但他們要麼小心翼翼地後退，要麼就是俯身安撫這個惡霸。

我記得當時覺得困惑又反感，我看著其中一些舊識，包括提姆，然後朝地上吐口水，隨即轉身離去。但我立刻被攔了下來。一個糾察隊員——負責監管低年級生的高年級生——揪住我的胳臂，命令我跟他去校長室。我拒絕了，掙脫他，然後氣沖沖離去，結果被教官攔下，他用楞杖抽打我的腿，把我拖去校長室。

我在校長室外等候時，透過門上的窗戶看到裡頭有幾個男孩，正在回答關於這起事件的問題。其中一人是我的老友提姆，我能看到他向校長描述這場打鬥。從他打著手勢、指向走廊的動作來看，我看得出來他把這起事件怪在我頭上。

校長終於把我叫進辦公室，要我坐下，對我皺眉。我以為他會對我咆哮，甚至拿楞杖揍我，但他只是顯得失望。

「羅賓森，跟這些男孩子相比，你來自不同的世界，」他說：「你必須明白——盡快明白——他們在人生中擁有你永遠無法擁有的資源。我給了你這個機會，是希望你有一天也能擁有他們所擁有的。不要浪費這個機會，好好把握。我不希望日後發現當初選你進來是判斷錯誤。」

校長叫我回去上課。我再也沒跟提姆或那些男孩說過話。

比窮人還窮的富人

後來，我意識到校長是對的。我很快意識到，雖然貧富有常見的層級，但也都有極端案例，有些人是一貧如洗——比窮人還窮——而有些富人是所謂的土豪。

在南港學校的第一年，每個新生都是同樣的年齡，打扮都差不多，穿著一樣的制服，所以我不知道其中一些同學多麼富有。後來，他們都開始考取駕照，開著父母買給他們的超級豪華車來上學，學校停車場停滿了同學的寶馬和捷豹。居然有十六歲的孩子開著法拉利來參加拉格比足球練習！

南港學校是那種有拉丁格言校訓的學校，那句格言是「Palman qui meruit ferat」，直譯是「誰贏得棕櫚枝，誰就戴在身上」（編注：在古羅馬，英勇的角鬥士會被贈予棕櫚枝），意思大略是「有功受獎」。這句話有點諷刺，因為這所學校的學生絕大多數都很富裕，一輩子都不用去「贏得」什麼。

我在南港學校待了兩年後，不再怨恨富家子弟，而是開始可憐他們。我意識到，他們生活在充滿貪婪和日夜競爭的世界裡，而且不僅是學生，連家長也不例外。財富一旦多到某種程度，就會帶來嚴重的「地位焦慮」，這種情緒甚至可能跟「一無所有」的焦慮一樣悲慘。

我有許多同學的父母，就是因為渴望擁有更多金錢——而且拿出來炫富——這種心態而陷入經濟危機。看著這些父母自我毀滅，以及隨之而來的家庭瓦解，讓我發現，我和他們之間的差距並沒有想像的那麼大。在某些方面，他們陷入了比我更貧困的境地，因為我這一生早就習慣了在貧困中打滾。

我的處境給了我尋找出路的強烈動力，我知道生活上的困難是可以克服的。但他們面對的是更深刻的貧困——心靈的貧困。或許從這方面來看，我比他們幸運。「貪得無厭」就是一種精神上的飢餓。我熟悉飢餓的滋味，但這些孩子從小到大一直渴望「更多」，而且永遠無法滿足。

我在被排擠之前，參觀過幾位朋友的住家——看起來就像五星級酒店：大理石地板，黃金與黃銅飾邊；家中只有四個人，卻有十間臥室；有著落地窗的浴室，窗外是令人難以想像的壯麗美景；遊戲室裡擺滿了撞球桌、彈珠臺；游泳池、網球場……

這些豪宅是透過私人道路和安全門通往外頭，不然就是搭乘由專職司機駕駛的船過河才能抵達。我遇到管家、保母和互惠生（au pair），他們穿著得體，口條流利，很難區分哪些是同學的家人，哪些是他們僱來的幫手，尤其因為我有時走進一個房間，會看到身為一家之主的父親打保母的屁股，或是在按摩浴缸裡跟互惠生啪啪啪。校長說得沒錯：這些人的世界跟我的世界不一樣。

所以我閉上嘴，避免跟人打架，而是踢足球，不然就是自己找事做。

年底時，其他孩子收到成績單，拿回家給家人看的時候，不是感到開心就是焦慮。我的老師從沒給過我成績單，我媽也從沒要過。然而，年復一年，老師們還是讓我晉升下一個年級，因為他們實在不願意讓我在隔年再次進入他們的班級。

無論讓我晉級或留級，他們都會感到火大。學生討厭我，老師討厭我，我討厭那裡，我媽也討厭我去那裡上學。我是私立學校的學生——這個事實把我媽氣得半死。我因為才華獲得肯定而憑獎學金入學，但這並不重要——因為我媽住社會住宅，唯一的收入來自福利金和老虎機，而且經常湊不出房租，既然如此，就不該讓孩子上一所每年花費五萬澳幣的學校。

正因如此，鄰居對她大肆抨擊，認為我們這麼做是錯的，我是刻意向上流社會靠攏。我媽原本能靠花言巧語跟鄰居借點錢買麵包和牛奶，但現在只會被他們當面譏笑：既然你有個孩子在全國最昂貴的學校就讀，就不該去乞討。

這為她的生活又增添了一層屈辱，她因此怨恨我。

除此之外，我不知道外公什麼時候會突然出現、想辦法跟我獨處、對我毛手毛腳，所以我開始不回家。我會睡在公園或河邊的廁所，天還沒亮就溜回學校，在上課前去學校的淋浴間整理儀容。

失去兒時摯友

換作幾年前，麥克也許會幫助我度過這一切，但南港學校不一樣。打從第一天開始，我跟他就分開了。他進了資優班，我則為了彌補之前落後的進度而被丟進放牛班。雖然我跟他進了同一所學校，但基本上算是在不同的星球上。

我們自然而然漸行漸遠。他逐漸融入自身特權所賦予的社會地位，而我在學校則是變得愈加孤立。後來，我和他只有在足球訓練時，為了增強耐力而練習長跑，才得以共處。這時我們會稍微聊聊，但光是想跟上他的速度都有難度。

後來，在九年級升十年級的那年暑假，我徹底失去了麥克。我最後一次跟他說話時，是在學校遇到他，他跟我說他暑假要去滑雪。

「你要去哪？」我問：「我真想一起去。」

「瑞士，」他說：「可能不方便讓你跟，因為這次應該是家庭旅遊。」

「瑞士！我靠，一定超酷！我從沒看過雪。」

我們握了手，我跟他說等他回來再聊，但他再也沒有回來。我後來得知，他在一場特別惡劣的暴雪後出去滑雪，雖然有關單位已經清理了滑雪道，但沒人意識到有個警告「陡峭懸崖」的大型標誌在暴雪中被吹倒了。麥克筆直飛出懸崖邊緣，再也沒回來。

我大受打擊，但跟他父母相比算不了什麼。他們徹底崩潰，再也無法在黃金海岸繼續過日子，於是收拾了東西，賣了房子，搬走了。看著他們那樣受苦，我也很痛苦。跟我家裡任何一個人相比，他們兩位對我來說更像家人。

麥克死後的某一天，我出門跑步——長距離越野，這是我在他離世後的第一次長跑。我從來沒有與在乎的人死別的經驗，也不知道自己該有什麼感受才對。我發現自己開始對麥克說話，邊跑邊跟他聊天。我告訴他關於學校的事，說我多麼希望能和他一起看雪，我多麼想念他。

我猜這確實滿怪的，就像我突然有了一個幻想朋友。別人一定會說他並不存在，但對我來說他確實存在，而且從那天起就和我形影不離。

之後在學校的時光，麥克會時不時在我的腦海裡出現，我會跟他聊天。我猜，他的幽魂算是最能給我安全感的東西。在我認識他的日子裡，他是我有過最棒的夥伴，我從沒想過有一天他會死，而我會繼續活著。他的人生如此美好，所以當我得知他失去生命後，覺得這實在很不公平。因此我用自己的方式讓他活下去，從此一直和他說話。

第七章　死亡宿命

有些最後請求，恕難從命

有些損失是人們無法放下的。人們在臨終時求我為他們做的事，總是再誠實不過。對某些人來說，這可能是他們這輩子對自己最誠實的一次。

最後的請求——人在時間所剩無幾時放不下的東西——就像指紋一樣獨一無二。到了見真章的最後一刻，人們看到自己最在乎什麼，有時會感到驚訝——至少我常常是這樣。

一般來說，我會盡量滿足客戶的任何請求。在我看來，既然這是客戶在世上的最後一個願望，那麼這對他們來說一定很重要。所以只要不違法，而且不會傷害任何人，我就會盡我所能。我會盡職地進行基本的私家偵查工作，以確認他們是否說了實話，而他們總是說實話。人之將死，其言也善。如果快死了還滿嘴謊話，這種人腦子應該很有病。

但這並不表示有些請求完全沒病。

例如，有個傢伙請我殺掉他的狗。他對這隻狗的愛勝過一切，牠是他在這世上唯一關心的對象——除此之外他一無所有。他受不了沒辦法再跟這隻狗作伴，而他既然會比那隻可憐的狗先走一步，於是決定乾脆帶牠一起走。這跟埃及法老的陪葬有點像——主人和寵物一起進入來世。

我拒絕了這項請求。

「恕難從命，老兄。」我告訴他：「你如果願意，我可以幫這隻狗找個新家，但我不會殺了牠。」

這傢伙同意了，我也幫他的狗找到了新家。這隻可憐的狗當時已經高齡十五歲了！原主人死後的兩星期，牠也死了。我猜這也算是圓滿結局吧。

我另一個客戶，一個名叫蘇茲的年輕女子，要我在她死後跟她哥對峙。基本上，她要我幫忙傳達訊息，讓他知道她恨他，他毀了她的人生。她是毒蟲，而吸毒習慣是始於她用藥物治療，為了因應他對她做出的虐待行為。

我終究也拒絕了她的請求，我不想跟虐待過兒童的人對峙。因為如果事情演變成肢體衝突，我很有可能扯下他的腦袋，結果害自己陷入司法絞肉機。我很有可能會對他動手，至死方休。我不想讓我的家人經歷我入獄的磨難，所以我拒絕了。

蘇茲告訴我，她這項請求之所以是臨終請求，是因為她打算結束自己的生命。我盡可能說服她打消念頭，對她誠實以對——我告訴她，我不知道她正在經歷什麼，但我有過自殺傾向的經歷。

我唯一能請她做的，是考慮兩個重要問題。一、既然她還活著，這可能是出於某個原因，一個重要的原因，那麼，這個原因是什麼？二、如果她要死，這會影響到誰？誰會想念她？跟「痛苦結束了」對她而言的意義相比，她的生命中有誰會因為她的死而受到更大的傷害？

我當年就是因為考慮了這個問題而打消自殺念頭。但到頭來，我唯一能做的就是試著引導她尋求幫助。我可以介入，打電話通知警察或精神病院，但最終還是她自己說了算。

每個人都是用自己的方式處理創傷。這是私事。遭受虐待，或失去所愛而造成的傷害……我們都必須找到辦法繼續前進，否則就會停下腳步。

我有幾次差點動手結束自己的生命，因為意識到能結束自己經歷過的所有傷害和遺憾，而這種領悟令我感到無比平靜。

不過，我總是能找到辦法避免越界。找出那些對我來說重要得值得活下去的人事物。想死有無數個理由，但在粉身碎骨後還能找到活下去的理由——這就非常特別了。

對某些人來說，活下去的理由是愛。對某些人來說，活下去的理由是恨。而對另一些人來說，活下去的理由是報仇。我對這三種都心有戚戚焉。

第八章　我堅不可摧

受虐的安全地帶

我十五歲那年，時不時會在街上討生活。艱苦生活讓我學會戰鬥，明白我有能力照顧自己，不管遇到任何事都能生存。但我每天都會想到外公。一天二十四小時，他對我所做的一切都會不由自主浮現在我的腦海中。這些想法令我驚慌失措，喘不過氣。我晚上會從噩夢中驚醒，因為我夢見他對我盡情蹂躪。

外公以前常在房子後面的棚屋私釀啤酒，那裡大得能容納他的釀酒設備，連同園藝工具和割草機。他自己釀的啤酒比專賣店的便宜許多，而且他說他的啤酒更烈，味道更好。但私釀酒也更危險，因為發酵產生的壓力，瓶子不時會爆炸。瓶子炸開時，聲音大到從屋裡都聽得見。

瓶子按裝瓶日期整齊排列在貨架上，所以外公知道應該先喝哪些。每個東西都整齊地放在專屬空間裡，意思就是這裡有足夠的空間，能讓他隨心所欲把我帶進去騷擾。

我永遠忘不了第一次。那天，我在後院踢足球；外婆在晚飯前小睡，因為她下午和外公喝了幾杯後覺得不太舒服。我知道只要外婆在場，外公就不會傷害我，我在她睡覺之前都覺得很安全。

我聽到外公在棚屋喊我。我來到這裡，他在門口迎接我，叫我脫靴子進去。我以前從沒獲准進去過，不敢相信裡頭有這麼多啤酒。

我瀏覽瓶子的時候，外公站在我身後，把手搭在我的肩膀上，問我最近有沒有自慰。

我開始發抖，部分原因是震驚，因為我知道外婆就睡在幾公尺外。我唯一需要做的，就是大聲呼叫她——但我就是做不到。我動彈不得，全身麻痺，完全無法反應。

我才九歲的時候，就學會在外公碰我時讓自己消失。我在腦海中為自己創造了一個「安全地帶」，一個完全憑想像創造的地方，只有我能進去。這個想像空間是我每次受虐時都會進去的地方，也是我難過或寂寞時會去的所在。我會把自己的身體遠遠拋在身後，在安全地帶裡待上幾個小時，而現實中的我只是凝視前方，像在引蒼蠅入洞一樣張大嘴巴——我媽是這麼描述的。

外公開始脫我的衣服，把我的上衣拉過頭頂，脫掉我的短褲和內褲，讓我全身赤裸，只留下腳上的襪子。從我所站之處，能看到棚屋的門外，但沒看到外婆或媽媽，一個人影都沒有。我閉上眼睛，進入我的安全地帶，等外公完成正在做的事。不幸的是，我這麼做的時候，膀胱失禁，我弄濕了自己。

我沒辦法控制自己。當外公氣惱地打我的腿後，把我的心思帶回棚屋裡，我才意識到發生了什麼事。他這一擊害我撞向擺滿啤酒的貨架，架子翻倒在地，瓶子像小炸彈一樣爆炸。

「你這個蠢得要死的小白癡！」他嘶吼。

外公趕緊拿起我的衣服，叫我穿上。我一穿好衣服，他就拖我走過滿地的破碎啤酒瓶，把我拖到門口。我踩到一塊碎玻璃，割傷了腳。我注意到血跡，在棚屋外頭坐下，脫掉襪子。但是外公走來，從我腳上扯掉襪子，用足以讓旁觀者聽見的大嗓門說，這只是一個小傷口，而且我根本不該在棚屋裡踢足球。

那天下午稍晚，外婆醒來，覺得精神好多了。她做晚飯的時候，外公告訴她，我把足球踢進棚屋，毀了他的一些私釀。

外婆很生氣。「你這個蠢孩子！你應該知道不要在棚屋附近踢足球。」

外公似乎總是有辦法為我身上的割傷和瘀傷找藉口，說我為什麼從一個快樂、自信的男孩，變成一個膽小、容易受傷的男孩。他說謊、掩蓋自己做的醜事時，會全程盯著我。我媽和外婆相信他說的每一個字，而他對我的惡行也因此持續下去。

在我十幾歲做的噩夢及記憶中，外公的形象就是我小時候眼裡的那種人——巨人——強壯又強勢。他是這個家的骨幹，是一家之主。他如果說某件事必須成真，就一定會達成。如果得罪他，他就一定會讓你感到害怕。即使我當年才十五歲，也不可能用其他方式看待他。

然而，我也放不下復仇的念頭。我在街頭過夜時徹夜未眠，不斷思考如何讓他為對我的所作所為付出代價。

我深信只要跟他對峙，就能結束我承受的所有痛苦，以為這樣就能解除情緒重擔，讓我從過去中解脫。

某天下午，我終於鼓起勇氣採取行動。我出現在外公家，準備正面迎擊，卻發現他和外婆都出去了。

我花了好幾星期才做好心理準備，這下子不知道該怎麼處理體內大量的腎上腺素。我決定闖進屋裡，偷走能偷的所有東西——現金、珠寶、電器，賣錢換取食物。

偷完後，我覺得入室行竊其實再簡單不過，便決定去舅舅和阿姨家做同樣的事。

事後回想，這是一個孩子拚命求救的行為。可是當時的我失控了，拒絕相信自己需要求助；有個親戚發現是我闖進這兩個家裡偷東西，也不認為我行竊是為了求助，和幾名男子聯手決定給我另一種教訓。

他們找到了我擅自占據借住的公寓，一腳踹開門，把我狠狠揍了一頓。

在拳打腳踢之間，他們質問我為何從自己的親戚那裡偷東西。「你怎麼可以這樣對待你的外公外婆，他們有對你做過什麼嗎？」

毆打結束後，傷痕累累的我倒地不起，他們高高在上地站在一旁。

「以後給我像樣點，」其中一人對我厲聲道：「否則繼續等著挨揍。」

復仇的代價

又過了幾個月，我才再次鼓起勇氣面對外公。我得知外婆在國外度假，外公一個人在家。我如果現在再不採取行動，就永遠不會做。

我當時住在衝浪者天堂，從那裡騎自行車一路到外公家，給了我大約四十分鐘的時間，思考接下來要做什麼，而且要怎麼做。

但我抵達時，還是騎著自行車在街上來回了二十多次，持續累積怒火。那是個明亮的夜晚，滿月高掛，滿天繁星，當時大約晚上七點，能看到兩側房屋裡的人們正在準備晚餐或在客廳看電視。隔著外公家的滑動式前門，我能看到他坐在電視機前，啜飲著私釀啤酒。

我終於逼自己停止踩踏板，停下自行車。

我走向房子時，經過了外公的藍色福特菲爾蘭，他以前常常開這輛車帶我去偏僻的地方侵犯我。這令我失控，我的身體開始顫抖，覺得口乾舌燥，汗水順著臉龐流下。我能聽到自己的心跳聲，彷彿心臟在胸口外頭，響亮得整個街區都聽得到。

我喘著大氣，試著鎮定下來；但越是嘗試，心臟就跳得越快。我的上衣被汗水浸濕。

我轉身離去，走向自行車。我每走一步，就覺得平靜一分。但當我來到自行車前，卻沒辦法要求自己離開。

「振作點，」我深呼吸，對自己說：「媽的，你這沒膽的廢物！你打算像個害怕的小廢物一樣騎車離開？給我進屋去，搞定這件事。」

我再次轉身，下定決心。我能看到自己被虐待的畫面——在車裡、棚屋裡、這棟房子裡、浴室裡、臥室裡、客廳裡……每一道回憶都令我怒火攀升，而怒火帶來了力量。

我快步來到門口，隔著白色薄紗窗簾看到外公。我用力又明確地敲了三下門。我看到他嚇一跳，朝門口走來。他認出我時，解鎖開門，臉上帶著困惑又惱火的表情。

門滑開的那瞬間，我伸手進去，用右手掐住他的喉嚨。

我把他抓進客廳，加大手勁，感覺手指在他的氣管上收緊。他抓著我的手，呼吸困難。淚水沿著他的臉龐流下，他試著說了些什麼，但在他的窒息聲和我耳朵裡的如雷心跳聲干擾下，我聽不清楚他的話語。

然後我看到自己。我意識到，外公這條命就在我手上。我必須做個選擇。

我能輕而易舉奪走他的性命，但我會成為什麼樣的人？一旦越過這條線，就再也回不去了。

我以前從沒想過，這輩子一次都沒想過的道理是：**我有能力阻止他，或是傷害他**。我現在看清他的真面目：虛弱、病態、心理扭曲的老人。

如果我小時候就領悟這一點，他就永遠無法傷害我。而現在，他再也無法傷害我了。

我鬆開手，他倒地喘氣，揉著喉嚨。

他試著說對不起，但我沒興趣從他嘴裡聽見這三個字，只想看到他畏縮膽怯的模樣，讓他明白害怕又無助是什麼感受。我想讓他知道我恨他，我饒他一命只是因為他不值得我弄髒手。我不需要再說或做些什麼。

我離開時，經過他釀酒的棚屋，他曾多次在這裡毆打、虐待我。我打開門，果然看到他的釀造坊和珍貴的啤酒仍整齊地擺成一排。一時衝動下，我決定砸碎每一瓶酒，毀掉釀造坊，希望這能讓我好過一點。我需要摧毀的不是棚屋或啤酒，而是我緊抓著不放的受虐回憶。

上帝的幽默感

騎車離去的路上，我激動不已。我覺得自己堅強、自信又強悍，但也感到羞愧。我對自己的所作所為有點厭惡。最令我難過的是，這就是我的童年經歷——我摧毀了一個戀童癖兼施虐者的釀造坊，而這個人也是我唯一所知的父親形象。

在這些感受造成的困惑下，我開始前往熟悉的衝浪者天堂街道。我在布羅德沃特旁邊的一座公園停車，坐下來思考剛剛發生的事。我把自行車丟在人行道上，找個地方坐下，茫然地凝望夜色。月光在河面上閃爍，水面在微風吹拂下翩翩起舞。諸多小船停泊在河邊不同位置，大多都綻放燈火。

這座公園很受家庭歡迎，到處都是鞦韆和野餐桌。但這時天色已晚，沒人在這裡活動，只有我孤單一人。我意識到，我這輩子一直都是孤單一人。我現在確定自己一無所有，唯一想要的就是我媽。

我發出一聲尖叫，在水面上迴盪，然後控制不住地嚎啕大哭起來。我完全沒辦法控制自己。我原本真的相信，只要跟外公對峙，就能給我帶來平靜。事實上卻相反，我只感到前所未有的難受。

發生在我身上的事、我做了什麼，以及接下來會發生什麼……這些想法塞滿了我的身心。我再次覺得，自我了斷可能是最好的選擇。

我似乎哭了好幾個小時，直到眼淚耗盡。最後，我覺得該離開了。我轉身要牽自行車，卻發現它不見了。看來我在傷心抽泣時，有人偷了我的車。我發出既非笑也非哭的聲音，望向天空。「祢可真會搞笑！」我朝上帝咆哮，希望至少祂能看到這種情境下的幽默。

我徒步離去，走向燈火通明的衝浪者天堂。這座城鎮如今成了我的家，我清楚知道上哪能找到食物和棲身之處。

我行走時，一輛輛車從旁呼嘯而過，每當有公車或卡車隆隆駛過，我都想跳到它面前。後來，一輛停在路邊的汽車引起我的注意。車內燈一直亮著，我窺視車裡，看到鑰匙還插在點火開關裡。

我環顧四周，看看旁邊有沒有人。確認四下無人後，我打開駕駛座車門，轉動鑰匙，掛檔，然後開車離開，一眼盯著後照鏡，確保沒有人追來。

稍微冷靜下來後，我搖下車窗，朝衝浪者天堂駛去。接近衝浪者天堂的聯外橋梁時，我意識到前面的諸多車輛正在減速。我發現警察在前方設置了呼氣酒測點——就在橋的入口前，在那裡完全沒辦法迴轉避開條子。

我放慢速度時，一名臉色凶惡、體型魁梧的警察指示我開車去他面前接受測試。一時間，我驚慌失措，考慮朝這名警察踩下油門、輾過他，然後盡快駕車逃離。但我的心態突然改變了：我在這個晚上經歷了這麼多，再多一件事又算得了什麼？

我突然徹底平靜下來，搖下車窗，用響亮又成熟的嗓音向警察打招呼。

「今晚有沒有喝酒？」他聽起來很不耐煩。

「一滴也沒有。」

他叫我對呼氣酒測器吹氣，這種儀器在當年看起來就像個塑膠袋，裡面有根會變色的吸管。警官表示我的測試結果是陰性，然後俯身查看窗內，掃視車上。

「好了，你走吧，」他低聲道：「但我建議你，別把皮夾放在後座上。到處都有小偷。」

我冷靜地點個頭，把檔位切進一檔，然後平穩地開向燈火闌珊的城市。我過橋後，拐進一條小路，停下車。我把手伸向後座，果然發現一個棕色皮夾。

裡面的錢比我這輩子見過的都要多——八百塊錢，都是五十元大鈔。我還發現一張塑膠卡片，上頭印著「邁特威」這幾個字。我這輩子從沒在銀行開過戶，但我知道成年人會在銀行打烊後用這種卡片從提款機領錢。我查看皮夾，發現了一些商務名片，以及一張背面寫了四個數字的便條。我猜這組數字就是密碼，能讓我從帳戶裡提款。我再次仰頭望天，但這次發出笑聲，禮貌地說聲：「謝謝祢。」

我找了一臺邁特威提款機，把卡片插進機器，輸入密碼。機器停頓幾秒，嗡嗡作響，然後螢幕上出現綠色小字，問我想提取多少錢。

「恭敬不如從命。」我忍不住說。

我嘗試了不同的組合，最終清空了這個帳戶裡的一千三百塊錢。

我把卡片放回皮夾，走進最近的一家通宵咖啡店。我把皮夾遞給女侍，說我在我打算坐的座位上發現這東西。

「謝了，親愛的，」她說：「我很欣賞你的誠實。你想點什麼？」

我點了我能想像的最豪華餐點：香蕉、乳酪和培根手指三明治，還有一大杯熱巧克力。

畢竟我還只是個孩子，才剛滿十五歲，還有一大堆事情要學。但那天晚上，我學到的教訓是，復仇永遠無法為我帶來平靜，而且上帝確實有幽默感。

那天晚上之後，我唯一一次見到外公是在他臨終之際，悲傷的親戚圍在他身邊。他們帶我進他的房間時，我演了該演的戲，刻意哭出聲。我坐在床緣，把手放在他的額頭上，在他耳邊小聲說：「在地獄裡腐爛吧，你這王八蛋。」然後我轉向門口，跟站在那裡的親戚說我剛剛低聲對他說「我原諒你」。

在外公的葬禮上，我一直等到其他人紛紛離去，一個年輕人開始往墳墓裡鏟土。他看著我，笑著說：「你想鏟土嗎，夥計？有些人覺得這樣很爽。」

「幹，樂意之至。」我答覆得毫無遲疑，我怎麼可能說不？他把鏟子遞給我，我盡可能用一大堆土填滿該死的墳坑。

年輕人說：「夥計，我看得出來，你要麼很愛這個人，要麼對這傢伙恨之入骨——不管怎樣，我很高興你在這兒。墳坑快填滿了。」我朝墳墓吐口水。「沒錯，我恨死他了。嘿，多保重，老兄。」

說完，我轉過身，邁步離去。

第九章　清理甜蜜之家

我並不討厭權威人士，甚至不認為我對他們有任何懷疑。問題在於，我這輩子幾乎天天都遇到不該被賦予權力的爛人。傳教士、教師、父母、警察——只要哪個人聲稱自己有權力，就會出於任何理由相信自己有權指示別人怎樣過日子。一般來說，我發現他們這麼做很少是出於良善的理由。

在人類歷史上，大多數的社會之所以由某些人負責管理，純粹是因為他們跟一大堆人說自己應該負責管理。之後，他們建立起體制，讓自己的權力顯得合法。

看看政治——不管你相信什麼樣的政治理念，在政治上代表你的那個人很可能是個恐怖的精神變態。

其實，看看任何一個對普通人行使權力的機構，十之八九的可能是，你會發現好心、善良又大方的人們遭到利用。《聖經》說：「溫柔的人有福了，因為他們必承受地土。」這也許是事實，但他們承受地土的時候，地土通常已經破爛不堪。

二〇一八年末，有位名叫潘蜜拉的女人請我幫忙整理房子。可憐的潘蜜拉是個非常可愛的老太太——彬彬有禮、心地善良、性格親切——而這個人最近被這個世界整得死去活來。她得了運動神經元疾病，病情急速惡化，使她迅速失去了行動和語言能力；雪上加霜的是，她兒子患有殘疾，需要她照顧。

直到最近，潘蜜拉一直住在新南威爾斯州鄉下的農場，隸屬福音派基督徒社區。當她因病情加重而必須搬離時，不得不留下她的寵物鳥和其他珍視之物。

潘蜜拉打電話給我時，她妹妹正要去農場幫忙收拾。這位女士是非常保守的基督徒，但如果真的進屋整理，就會在臥室裡發現一些潘蜜拉不希望妹妹發現的東西——跟性愛有關。

「好，沒問題，」我說：「我立刻就去。」

聽到潘蜜拉說起那些私人物品時流露的尷尬態度，我還以為是什麼不堪入目的東西，也許是沒人希望親戚在收拾銀器和精美瓷器時湊巧發現的那種下流色情刊物。

但當我抵達農場，發現她所說的東西時，覺得根本沒啥大不了，也就是幾件性感內衣，和幾本內容比較煽情的書而已，任何人都不該為此感到羞恥。這不禁令我好奇：人們究竟對她說了什麼，搞得她這麼害怕遭到批判。

我在屋裡搜尋時，接到她妹妹的來電，對方知道我正在房子裡四處查看。

「喂？」我接聽電話，她的激烈嗓音彷彿跳進我的喉嚨。

「你現在不准進潘蜜拉的家。他媽的別給我進去！我過一、兩天就到。」

「太遲了，」我用無辜口吻答覆：「我已經在這裡了。」

她聽了很不高興，對我罵個不停，直到我掛了電話。我得說，潘蜜拉應該是我見過最親切也最體貼的女士之一，至於她妹嘛……差很多。

我繼續收拾潘蜜拉的東西，開始覺得情緒化。

我真的很喜歡潘蜜拉，和她說話很愉快——她雖然身子虛弱，卻還是充滿生命力和善意。

此刻，在她的家裡，算是她度過一輩子的地方，我意識到她的人生過得真的很辛苦。

因宗教拒絕為孩子治病

潘蜜拉非常虔誠，和她丈夫當年在這個福音派社區安頓下來，這裡真的很偏僻。這裡的房產占地甚廣，但人口稀少。她丈夫曾是當地教會的管理者，也是社區中的高階成員——至少在公眾目光裡是這樣。但老實說，他似乎是個很渣的爛人。

潘蜜拉的兒子出生於一九六四年，幼時被診斷罹患小兒麻痺症。這本不該發生，因為小兒麻痺症疫苗早已問世，這種疾病上一次在澳洲大流行是男孩出生的十年前，但潘蜜拉的丈夫拒絕讓孩子接種疫苗。其實這本來也應該不會造成太大的問題——問題是，他也不允許潘蜜拉帶兒子接受任何治療。

在他看來，如果兒子生病了，只是對家庭信仰的考驗。沒錯，這個孩子可能會死，但如果真的死了，也是上帝的旨意。根據他的福音派信仰，為了救兒子的性命而採取行動，就是違背上帝的旨意。

男孩確實活了下來，但被小兒麻痺症奪走了雙腿。他的其餘部位都恢復良好，大腦沒有受到影響，但再也沒辦法走路。

根據事證來看，潘蜜拉的丈夫在那不久後就離家而去，留下她一個人扛下生計重擔。因為他的懦弱，潘蜜拉被迫獨自在這片被農田包圍的偏僻土地照顧兒子。雖然她的鄰居很親切，但都住得有些遠；她不僅要維護房子，還得照顧兒子。沒錯，她的人生一點也不輕鬆。

潘蜜拉僱用我做的第一個工作，是找回她的寵物鳥；牠們都活得很好，我和她兒子後來重新安置了牠們。潘蜜拉開始行動不便時，兒子不得不搬去另一個更適合他需求的住處。她兒子是個可愛的傢伙——聰明又善良，但也很悲傷。這讓我他媽的難過得要死，我會想如果這傢伙的父親不是一個愛扯到上帝的暴君，人生不知會多麼不同。

我想這種境遇就是會令我心有戚戚焉。想像一下，你拒絕為兒子治療致命疾病。你每天要怎麼面對自己？你兒子那樣受折磨，是因為你驕傲得從不質疑自己的信仰。什麼樣的人會做出這種事？

半個世紀後，我恰巧在人們的生命盡頭聽到他們的故事。而我能做的，就是坐在那裡聆聽，心想這種人生多麼辛苦。為什麼沒有人幫助他們？為什麼沒有人直接進去，打破門，把母子倆從裡頭救出來？

因為這種事就是不會發生。以前不會，現在也不會。我們每天都會聽聞女人活在恐懼中的故事——當然也有男人過著這種生活——但有太多女人在家暴男的手中承受無數痛苦。

類似潘蜜拉的這種故事確實令我動容，在我心中占有一席之地。我想我就是同情任何遭受虐待的人。我明白那個孩子是什麼感覺，每天早上在恐懼中醒來，因為接下來的一天比他媽的噩夢還糟糕。我就是這樣，從來沒有人來踹開我的門、救我走。

從來沒有人伸出援手——人生不是這樣運作的。

第十章　永遠別對戀童癖綻放笑容

不付錢的寄宿生

皮夾裡那些錢，意味著我再也不用回媽媽家，能獨自生存好幾年。之後我未曾回家，持續流落街頭。我會在公園或海邊住幾天，然後是幾星期。

如果可以，我會在學校閒晃，尤其是所有負擔得起宿舍的男孩都去參加夏令營時。在那段時間裡，我遇到了那些因為抽菸或成績不佳而無法參加夏令營的男孩。從他們身上，我學到了關於這所學校的一切——鐘樓的內室、舊建築裡的暗門和儲藏室。日子變得很刺激，我們研究怎樣逃離或躲避老師，或如何避人耳目地從校園的一側跑去另一側。

我學會了學校的慣例和規律：老師開會的確切時間、見面的地點和時間，以及會面的對象。我看著送貨司機和快遞員，判斷洗衣服務何時會來收宿舍學生的待洗衣物。我成功溜進去偷了件乾淨的襯衫，把自己的髒衣服留下，清洗後會被送去富孩子的房間，然後我故技重施。

對一個有創業頭腦的孩子來說，這堪稱商機無限。學生團體擁有巨大的財力，也準備為自己的小小額外特權付出高昂代價。

首先，我得知有些高年級生會在晚上偷溜出去參加派對。他們會把床單整理得看起來像是有人在上頭睡覺，然後搭計程車前往衝浪者天堂的派對區燈火。他們會在那裡抽菸、吸毒、喝酒，跟女孩狂歡，然後回到宿舍，好像什麼也沒發生過。

我數算了宿舍的床位，弄清楚哪些孩子經常出去參加派對、在哪些晚上，發現哪些空餘床位可供我使用。我會等那些孩子離開，跳到他們的床上睡個好覺，然後在日出前再次溜出去，因為舍監到時候會開始巡視，並叫醒學生吃早餐。

某天早上，被我借用床鋪的一個高年級生提早回到宿舍。我被一個年紀比我大、喝醉且吸了大麻的男孩搖醒，他想知道我在他床上做什麼。

「我看到你偷溜出去，覺得你這樣會惹上麻煩。我想確保有人躺在床上，以防舍監巡房。」我說。

看著這個困惑的孩子試著聽懂這個說詞時，我意識到這是大好機會。

「我以後也願意幫這種忙，」我靈機一動，「但是要收錢。」

在接下來的十八個月裡，我這項服務的相關消息傳開了，我成了學校的全日制寄宿生。我在食堂吃早飯和晚飯，然後回宿舍，或是等哪個高年級生告訴我哪張床位有空出來。一些高年級生出不少錢要我睡他們的床，以防老師巡視宿舍。只要哪個老師敲門，我會揮手、喊說我要睡覺。然後我會悄悄離開房間，溜去隔壁宿舍，為另一個學生提供相同的服務。

後來，我拓展了服務範圍，開始幫助男孩偷溜出去，避人耳目地前往衝浪者天堂。我會去船棚借一艘動力小船，然後募集一船的高年級生，像開計程車一樣送他們去派對區。我會向每個學生收取兩塊錢的服務費，也因此在不久後發了一筆小財。

幾個月後，因為越來越多人知道我很熟悉黃金海岸，我的收入進一步增加。我被稱為這個地區的萬事通。

我那些老朋友都在貧民窟打滾，所以我有街頭的人脈，能輕易獲得大量酒精或其他娛樂用藥。我的收入很不錯，讓我在繼續就讀南港學校期間能吃好穿好，甚至還有閒錢去看電影，這是我以前從沒做過的事。

也就是在這個階段，我第一次學會如何看到商機並好好利用。例如，我在街上花二十塊錢買一小包大麻，然後用一百塊錢賣給有錢沒腦的高年級生。我不認為這是剝削，只是簡單的商業交易。他們想參加派對，而我幫他們弄到娛樂性藥物，還為他們免去人身安全或聲譽的任何風險。自古以來，富家子弟就是這樣花錢消災的。

我打從第一天就知道自己不屬於他們的世界，我永遠沒辦法在社交上跟這些男孩競爭，但校長斥責我打架之後——那是我第二次跟校長說話——我才意識到這些男孩的人生跟我有多麼不同。

對這些男孩來說，南港學校不僅是個機會，更是義務。就讀名校，不過是他們的父母用來炫耀的身分象徵，跟停在車道上的豪華汽車和令人羨慕的海外度假沒兩樣。伴隨這種生活而來的壓力其實很可怕，他們完全沒有機會犯錯，也沒辦法真正擺脫父母的期望。

除此之外，這所學校還有自己的祕密——令人毛骨悚然的恐怖祕密。我很快就會發現。

誘騙者

掐了外公、把他推進墳坑的幾個月後，我終於鼓起勇氣，向某人講述外公這些年來對我做的一切。隱瞞這個祕密造成的壓力讓我再也無法承受，必須找個人吐露。

我決定告訴X先生，他是我在學校裡的一位老師。和其他老師相比，我跟他的關係算是比較好。他對我很親切，而其他老師拒絕屈尊教導我這種慈善保留名額時，他願意花時間向我授業解惑。

學校鼓勵我們向校園牧師尋求心靈支持，而他確實也對我滿不錯的，但我就是不信任牧師。多年前，我曾試圖向一位透過朋友認識的牧師求助，但那位牧師拒絕了我，還說我該為我對他說的事情感到羞恥。他要我試著忘掉發生過的事，不要製造麻煩。如此一來，所有神職人員在我眼裡都是一丘之貉。向牧師求助，其實就是從一個戀童癖的懷裡逃向另一個戀童癖尋求庇護。

也因此，我選擇向X先生吐露祕密。

某天早上，我離開了借住的宿舍，其他男孩正在吃早餐。我來到X先生面前，問能不能跟他談一些私事，說我有很嚴肅的事需要幫助。他一臉關切，好心地建議我在那天放學後去他的辦公室。

我一整天都在猶豫是否該赴約。一想到要向某人說明自己的遭遇，我就覺得身體不適，但「永遠隱瞞這個祕密」似乎也一樣令我難受。

到頭來，我決定放棄。我用顫抖的手解開自行車鎖、想逃去街上時，一名學生跑到我面前，說X先生想知道我在哪裡。

我跟這男孩交情不錯，但他有點太乖乖牌，而且是個頑固的混蛋。我知道跟他爭論只是浪費時間，就跟他一同前往X先生的辦公室。

奇怪的是，之後很多年裡，我把接下來發生的事歸咎於那個男孩，就算他不可能知道會發生那種事。

在辦公室裡，X先生要我坐下，試著讓我冷靜下來。我終於放鬆到能說話的程度，一開始說得很慢，但整個故事開始從我嘴裡狂湧而出。

他皺眉聆聽，並感謝我願意找他傾訴。

他說：「你終於跟某個人說出這件事，這對你來說一定是一種解脫。」他現在明白為什麼我的成績這麼差，常常不交作業，不出席運動和學習小組的活動。

他告訴我，他的門將永遠為我敞開，但不能保證保密，雖然在可預見的未來會暫時替我隱瞞。

幾星期過去了，我開始覺得好多了，多年來繫在我胸口的焦慮心結開始鬆動。我覺得身體比以前強壯，在足球場上跑得更快也更有自信，而教練從我入學以來第一次對我留下深刻印象。我的成績開始變好，學校生活的所有層面也幾乎都有所改善。我開始後悔沒更早找X先生傾訴。

直到某個星期五下午，他把我叫去。我剛從泳池裡爬出來，這時一個糾察隊員來告訴我，X先生要我去他的辦公室聊聊。我匆匆擦乾身體，穿上運動上衣，所以我敲門時，身上的泳褲還是濕的。

「進來，」他說：「把門關上。」

X先生示意要我站在他坐的椅子前，問我最近過得如何，是否需要幫忙。我告訴他我很好，比以前好很多。

他露出微笑。「很好，」他說：「我很高興。」

接著他把雙手放在我的髖部，看著我的眼睛說：「我隨時都願意幫你。」

我有點不自在，但確信他是真心想幫我。

然後他加大手勁，把我拉近。

「你在發抖，」他說：「你覺得冷，還是只是緊張？」

說真的，兩者皆是。但我還沒來得及說什麼，他的手掌已經貼上我的泳褲襠部。

「你外公就是摸你這裡嗎？」他問我，並把手伸進自己的褲子裡，開始自慰。「他是這麼做的嗎？」

我覺得腿軟，這幾星期建立的所有信心和力量，在一瞬間離我而去。我覺得喘不過氣，彷彿窒息。我以為已乾的淚水再次歸來，無聲滑過臉頰。這間無窗辦公室突然變得很小，就像那間街角商店的後屋，外公多年前第一次侵犯我的地方。除非我尖叫，否則不會有人進來，但我似乎不可能這麼做。我被困在這裡，震驚無助。我發不出聲音。

X先生完事後，嘆口氣，猛然站起。

「你在這裡必須更加努力才行，」他用嚴肅的語調說：「你的成績必須突飛猛進。」說完，他打開辦公室的門，走了出去，留我乖乖跟在後面。

我直接來到置物櫃，換上乾衣服。我哭得太厲害，另一個男孩因此走來問我怎麼了。

「我沒事，」我厲聲道，擦擦眼淚。「我沒事。」

我騎車離去，哭了一整個下午。X先生對我的所作所為，令我感到既難過又困惑，但最重要的是，我對自己感到既厭惡又憤怒，因為是我讓這件事發生的。

我每次在鏡子或窗上看見自己的倒影，就覺得深惡痛絕。那張軟弱又可悲的臉孔……我只想朝他吐口水。

我獨處時，會朝自己的倒影尖叫，彷彿我的怒氣能將我變成無敵浩克，賜予我保護自己所需的內在力量。

X先生繼續一有機會就侵犯我。我根本不知道什麼時候會被叫去他的辦公室——教室門口傳來敲門聲，然後一個彬彬有禮、一臉不耐煩的學生充當信使，把我帶去接受騷擾。

這種事發生得太過頻繁，以至於我終究意識到：除非我制止，否則這永遠不會停止。這是我在小小年紀第二次被迫面對施虐者。

某天早上，我知道X先生會在辦公室，我做出決定：我如果現在不採取行動，就永遠不會採取行動。我沒敲門就直接走進他的辦公室，這是學生被明令禁止的行為。

他抬起頭，表情幾乎沒變，只是有點不耐煩。

「羅賓森，」他溫和道：「出去。」

「操你媽的！」我在憤怒狀態下盡可能保持平靜。「我要去找校長，向他坦承一切。」

聽見這句話，他的臉色變得蒼白。我轉過身時，他急忙從辦公桌前起身。

前往校長室的路上，X先生緊跟在我身後。

我接近校長室時，心往下沉。校長的私人祕書剛離開校長室，而只有校長不在的時候，她才能進去。

我用力敲了幾下門，但沒人應門。果然，校長室裡沒人。

X先生一把揪住我的胳臂，把我拖過走廊，直到找到一個空房間。他拉我進去，粗暴地把我按在椅子上。

「我把話說清楚，」他嘶吼：「如果你膽敢告訴任何人，我就會跟其他學生說是你對我主動。我會讓他們知道你被你外公虐待過，而且你喜歡他那麼做，因為你是個小小色情狂。」

他還威脅，要跟老師們說他逮到我從置物櫃和其他學生的書包裡偷東西，而且一直在動物保育室裡傷害和虐待動物。

他還說，我在短期內不許參加體育活動，每天都必須被他留校察看到下午五點，直到我的成績進步。

X先生打開通往走廊的門。我站起來，渾身顫抖，準備離開。他緊跟在後，嗓門大到讓每個人都能聽見：「你打算怎麼做，羅賓森？你打算怎麼做？」

我感覺花了一輩子的時間才來到我的置物櫃。我趕緊把所有東西塞進背包，前往自行車架，騎車離去，X先生的嘲諷揮之不去。

我花了很多年才意識到，這一切都不是我的錯。他認定我是個需要照顧的受傷男孩，我也因此成了潛在的受害者。他對我表現的善意，其實是對我進行「誘騙」。他是由學校和教會賦予身分和權力的無數戀童癖之一。

但我立刻做出決定：我再也不會踏進學校或教堂一步。從所有實際意義來看，我的童年已經結束了。

我騎車離開南港學校時，眼淚已乾。

我直奔黃金海岸的街道，這裡將是我的新家。在這裡，我熟悉所有規則；在這裡，我能照顧自己——在街頭，我能成為佼佼者。

第十一章　網紅

二〇一八年末，黃金海岸一個記者打電話給我。

「我聽說了一個有夠怪的故事，有個傢伙到處擅闖葬禮，」他說：「那個人是你嗎？」

「老兄，這聽起來像是我會幹的事。」我答覆。

於是我們聊了起來，他寫了一篇關於我以棺材告白者的身分參加葬禮的故事。這原本應該是當地新聞報導一則關於人情味的故事，但上線後，突然受到世界各地的人們追捧閱讀。我成了網路紅人。

報導上線後的幾天裡，報社接到一大堆電話，人們要求跟所謂的「棺材告白者」取得聯繫。最後，這位記者打電話給我，問能不能把我的電話號碼給出去。

在我收到的所有請求中，有一個特別引起我的注意，來自在布里斯本醫院照顧一名垂死年輕人的護理師。

叫牧師閉嘴

湯瑪斯．吉里斯剛滿三十歲，卻已經來日無多。他不僅將英年早逝，而且會死得很慘。他患有骨髓癌，而我見過的每一位醫生都說這是最痛苦的死法。湯瑪斯在嚥氣前看到的最後景象，將是安寧病房的牆壁。媽的，這真令人難過。

如果你造訪過安寧病房，就一定不會想去第二次。我為了赴約而走過醫院的走廊時，震驚地發現這裡每間病房裡有多少人。一般的病房每間只有一、兩個人，但安寧病房人滿為患，而且每個都知道自己永遠不會活著離開。

我當時不斷想著，哇，**這條走廊的長度——對這些可憐的人來說，這就是他們生命的終點**。

有些病人能透過窗戶看到城市，也許能看到陰影隨著時間流逝爬過隔壁的建築物，但大多數看不到任何景色。有的人用鏡子映照走廊，這樣就能看到護理師拿著嗎啡進來——或看到死者躺在輪床上被推出病房。

這種死法真的很慘，而這一切當然不是護理師的錯。在安寧療護擔任護理師，想必是世上最辛苦的工作，這些男人和女人在極度不公平的狀況下盡力做到最好。

負責照顧湯瑪斯的護理師是個好人，在這段日子算是成了湯瑪斯最好的朋友，甚至有辦法逗對方笑。兩人很親密，因此湯瑪斯提到希望找我擅闖他的葬禮時，這位護理師順水推舟。

湯瑪斯這輩子向來喜愛樂趣——他個性友好，非常活躍，熱愛極限運動。事實上，他就是這樣發現自己生了病：他騎山地自行車時摔了車，傷到腿。他去平時會去的醫院檢查傷勢，發現淋巴結有問題。醫院幫他做了進一步檢查，發現他得了白血病。治療過程中，醫師發現癌細胞已經擴散到骨髓，束手無策。

要不是他摔車，就永遠不會發現自己的身體出狀況。他原本也許能在幸福的無知中度過最後幾個月，而不是經歷絕望、痛苦且最終徒勞的治療。

湯瑪斯的爸媽當然大受打擊，雖然沒有表現出來。他們是非常保守的人，保守的基督徒，所屬的教派在許多觀點上都很傳統，尤其是家庭方面。

例如，他們相信女人就是該待在家裡，擔任母親的角色。這些身為母親的女人被教導要明白自己的身分，且時時刻刻都必須對家中的男人保持恭敬。我不太喜歡這一套。

我就是因此對基督教的某些教派很反感。他們把聖母瑪利亞當作神祇來崇拜，讓女人成為主要宗教人物之一，卻不認為女人在地球上值得被平等對待，這究竟是怎麼回事？我對任何組織裡的胡說八道和虛偽言行的容忍度都很低，而教會常常充斥這兩者。

我的客戶要求我打斷一場宗教服務時，常常會有人表示我在褻瀆神靈。「你好大的膽子！上帝透過牧師在地上發聲。上帝有允許你對牧師無禮嗎？」

「沒有，上帝沒這樣告訴我，但上帝有沒有叫那些牧師強姦一大堆孩子，或是多年來以祂的名義犯下無數謀殺？老子不這麼認為。我不信上帝，但如果上帝真的存在，我死後會跟祂抱怨幾句。」

這通常會讓他們閉嘴。

沒錯，宗教為這個世界帶來很多好處，但也帶來數不清的壞處。不管你多麼信仰某個宗教，也沒有權利把它塞進別人的喉嚨。

我能毫不猶豫地站在教堂裡叫牧師去吃屎，講這種話其實還挺爽的。如果你小時候曾被任何教會人士性虐待過，那我非常推薦你這麼做。這麼做有益身心，算是一種自我照護，就像吃綠花椰菜或慢跑。叫牧師去吃屎，其實就是在一些教會弟兄決定亂摸小孩子時，你不再讓神職人員擁有他們自己丟掉的道德權威。

我的妻子有宗教信仰，所以不喜歡我這種工作的這部分。

「如果真的有上帝呢，比爾？」

「如果有又怎樣？」

「這個嘛，你遲早會去見造物主。如果你站在上帝面前，祂想知道你為什麼叫祂的牧師去吃屎，那該怎麼辦？」

「那我會告訴祂：『我叫他們去吃屎，是因為祢允許祢的歷代牧師強姦、羞辱、虐待女人和兒童。那麼，我現在能進天堂了嗎？可以是吧？祝祢有美好的一天。』」

愛，就要大聲說出來

不過呢，己所不欲，勿施於人。我也沒有權利跟你說你的宗教是錯的。我懂個屁？我是無神論者，但這並不表示我是對的。

湯瑪斯信仰的那個基督教教派，似乎讓他在最後的日子獲得了安慰。然而，就是因為那個宗教，因為它禁止公開表達感情，所以湯瑪斯需要棺材告白者。

他的家人不喜歡表達愛和親情，不管這個家庭有多少關愛，而這就是湯瑪斯僱用我的原因。他這輩子一直希望自己的家人能更常交流，表明彼此相愛。互相擁抱，跟父母說你愛他們……這類小事從來都不是他生活的一部分。

按照湯瑪斯的說法，他一直希望他們一家的關係會隨著時間而更懂得表達。而現在，他時日無多，只想向全世界公開宣布：他愛他的父母，知道他們也愛他。他這輩子試過幾次，尤其在他生病後，但他總是會情緒崩潰，發現自己說不出話。

現在對湯瑪斯來說，已經來到最後一刻。他當時在接受臨終安寧療護，每天只清醒幾分鐘。

說真的，這觸動了我的心，我覺得難過極了。倒不是因為他這麼年輕就要死——我見過很多比我年輕的人死去：街頭吸毒的孩子、在監獄裡上吊自殺的年輕人、在我面前被活活打死的人……死神會找上我們每個人，你活了多久並不重要。我猜我在這方面不容易受到影響。

真正令我難過的，是湯瑪斯的要求多麼簡單又純粹。他真正想要的，只是來自爸媽的一個擁抱。

我接下這份工作，且費用遠比我平時收得少。

葬禮只有一小群人參加。我環顧周圍，看得出來湯瑪斯沒有多少親密朋友。有一些是商務夥伴，他的宗教社群來了很多人，但我看不出誰可能是他最好的朋友或情人。**如果你一輩子都沒什麼機會表達對他人的愛，你死後就是會有這種葬禮**。

告別式稍微停頓時，我才站起來，向會眾說聲失禮，然後宣布：「我叫比爾．埃德加，是棺材告白者。湯瑪斯．吉里斯要我幫他說出說不出口的話。」

我打開信封，大聲朗讀湯瑪斯生前沒說的話語。

「致出席我的葬禮的每一位，謝謝你們。我愛你們。請幫助並支持我的爸媽。我的愛永遠與你們同在。

「致我的爸媽——媽媽、爸爸，雖然白髮人不該送黑髮人，但是你們給了我再充實不過的人生。這個人生，連同我的心靈，已經滿足得恐怕再也塞不下更多愛。謝謝你們在我身邊，也請永遠不要忘記我愛你們，正如你們愛我。我不再痛苦，我將永遠和你們在一起，所以請不要為我哭泣，也不要悲傷太久。永久悲傷是不健康的，而我們現在知道健康比什麼都重要。

「媽媽、爸爸，我留了一些指示給棺材告白者，請他轉交給你們一人一封信，這是我給你們的禮物。請享受這份禮物，也請常常想到我，正如我會想著你們。你們的兒子，湯瑪斯。」

我把信放回信封，放在棺材上。

如果可以，我很想把湯瑪斯最後的請求變成現實。我想讓人們明白，他愛他父母勝過世上任何事物，而且這份愛比他們因為文化或宗教社群而覺得示愛會帶來的羞恥更重要。

這真的很不幸——大家都看得出來愛就在那裡，而且是真實的。換作小時候的我，會願意為了得到這種愛而付出任何代價。而看到這種愛給湯瑪斯帶來的痛苦，更是讓人覺得苦樂參半。不是人人都有機會擁有配偶和子女，有些人永遠無法體會這種愛。

我在臨走前遞出湯瑪斯寫給父母的兩封信，兩老只是收下，並未與我視線接觸。然後我離開了。

第十二章　非普通街頭頑童

在街頭生存的一百種方法

我從南港學校直奔位於黃金海岸的衝浪者天堂。對我來說，街頭比學校或我母親的住處更安全，這說法令人細思極恐，因為街頭他媽的實在不算安全。

但至少我了解這裡的規則。跟南港學校那些菁英組成的陰晴不定、道德模糊的世界相比，街頭的規則簡單多了。在街頭，你的父母是誰並不重要，重要的是找到自己的生存方式。你如果不是塊頭最大的，就必須是動作最快的。如果這兩樣都做不到，你就必須是頭腦最好的。

街頭生活很艱辛，充滿屈辱，而且會對心靈造成創傷，使你很容易受到各種人的傷害。這種生活沒有指南，就算有，用買的太貴，用偷的也不值得，因為指南既不是食物也不是金錢。

對大多數孩子來說，這是一種缺乏希望的生活，但對我來說不是。街頭生活端看你如何創造，而我把街頭當成自己的家。

我知道的是，流落街頭並不意味必須去做其他街頭孩子做的事。我沒有理由要成為沒有未來或抱負的酒鬼或毒蟲。我和大多數的街頭居民不一樣，這種態度讓我過上相對舒適的生活。我極少挨餓，總是能讓自己冬暖夏涼。我靠自己學會如何在街頭生存，並抓住每一個擦身而過的機會。

在街頭生活的第一個星期真的很可怕。我是個飽受身心創傷的孩子，空著肚子睡在公園和公共廁所裡，隨時提防掠食者。經過幾個寒冷又不安的夜晚，我開始想辦法。

我會在凌晨三點坐在麵包店後面，等師傅把前一天的奶油麵包和維吉麥麵包卷丟出來。這些東西對他們來說是垃圾，對我卻是大餐。

某天早上，我注意到送牛奶的人把牛奶送到一些房子的前門，所以我決定跟著他。起初我遠遠尾隨，偶爾抓起一瓶牛奶，趁著還冰涼時大口喝掉。後來我意識到有些住戶會把牛奶錢放在用空瓶子壓住的信封裡，所以記住送貨路線後，就跑到前面去偷走這些錢。我用這些錢去清晨剛開始營業的商店購買熱騰騰的餡餅和麵包。

天氣轉涼後，我會翻過住家的圍籬，直接從晾衣架上偷衣服。

後來，我發現黃金海岸主題公園的失物招領處簡直就像未開發的金礦。我會翻過柵欄，直接去失物招領處認領套頭衫、帽子、墨鏡、錢包——有什麼我就認領什麼，簡直就像抽獎。

「哈囉！」我會愉快地對櫃檯人員說：「我弄丟了手錶。如果有人撿到手錶送來，能不能讓我看看？」

公寓也能用偷的

事實證明，只要專心思考，幾乎什麼東西都偷得到。我偷過最大的東西，是一間黃金海岸公寓，設備齊全，有水有電。

我路過一棟公寓大樓時，注意到窗戶上有個大型的租賃公司標誌。我把臉貼在窗上窺探，以便看清楚這間公寓。我意識到窗戶沒上鎖，因此成功推開窗戶爬進去，沒被路上任何人注意到。這間公寓已經為想搬來海邊住的人安排好了擺設——沙發、床、辦公桌，甚至一臺電視機。

我四處尋找值得偷的東西，剛打開門正想走人，有個鄰居湊巧路過，並介紹自己是法蘭克。

「你一定是新來的住戶，」法蘭克說：「我帶你去看電箱在哪，這樣你就能啟動電燈和冰箱。」

我根本不知道這裡的電箱如何運作。他向我展示為我的新家供電的開關，然後問我還需要什麼。

「不用了，法蘭克，謝謝你，」我說：「接下來應該不會有任何問題。」

那天晚上，我在沙發上看著電視睡著了，對自己有點洋洋得意。

隔天，我去商店行竊，弄來寢具、烤麵包機和一些餐具，把我的新房子變成了家。

我在那裡住了三個多月。某天，一位年輕親切的女房仲敲門，說她是來查看這個地方。她問我是誰，我說我是房客，跟新屋主租下這裡。她顯得困惑，不確定我的說詞真偽。幸運的是，那個年代沒有手機，所以她說要打個電話跟辦公室確認，再來見我。

她離去後，我知道我大概有十五分鐘能收拾需要的東西，離開這裡。但我只花了五分鐘。我離開了公寓，回到街頭。輕輕地我走了，正如我輕輕地來。

到遊艇上住一晚

我住的黃金海岸和衝浪者天堂不乏流浪兒和窮人，但這裡其實是錢淹腳目之地。這裡有個非常高級的區域，叫作「天堂濱海區」。幾乎每個海濱住宅都有一座伸向水面的碼頭，富人就是在那裡停泊船隻。我從南港學校的孩子那裡得知，那些遊艇大多很少使用，頂多只在週末偶爾開出海，所以在我看來，它們基本上算是漂浮的旅館房間。

我會觀察一會兒，如果確認船上沒人，我就溜上去，進入船艙。船艙大多時候都沒鎖，就算鎖上也很容易打開。然後我會在迷你吧台大飽口福，吃下能找到的任何東西：小瓶烈酒、罐頭食品、餅乾、高級的開胃菜和小吃。我會舒服地睡在乾淨的床單上，確保在天亮前離開，並清除我留下的任何痕跡，讓這個地方保持原狀，這樣我過幾星期就能再回來大快朵頤。

我有幾次被抓到，但成功跳水逃走。其中一人大發雷霆，他如果真的對我動手，很有可能會殺了我。

另一次，這傢伙想必從位於高處的住處看到我闖進他的船。我正準備過夜時，聽到一名男子的低沉嗓音喊話：「你，船裡的人，我知道你在裡頭。」我僵住，準備逃跑或戰鬥，但他說他帶了一些食物給我。他說我可以把這裡當自己家，但早上必須離開。我開門探出頭窺探時，那傢伙確實正在走遠，而且留給我一盤用鋁箔紙保溫的熱食。我在隔天早上離開，但走之前把船打掃得一塵不染，也把盤子洗乾淨。

打烊後的各種店

熟悉了街頭生活後，我通常都能找到睡覺的地方。有一段時間，我最喜歡的地方是電影院。這裡安全又溫暖，我在播放最後一部電影時偷溜進去，躲在座位底下，等所有員工都回家後，我就能躺在地板上睡覺。

而且座位之間通常能找到食物，像是一包糖果或半盒爆米花。我很喜歡爆米花，問題是天黑後蜂擁而至的老鼠也喜歡。第一個晚上，我醒來時發現自己渾身爬滿了老鼠。牠們原本為了散落一地的爆米花而來，卻發現我成了晚餐菜色：「太棒了，讓咱們吃掉這個小鮮肉。」

老鼠臭得要命。我一開始很討厭牠們，但過了一段時間後，我跟牠們混熟了，並確保避免睡在牠們的覓食區。我開始玩起跟蹤老鼠的遊戲，試圖弄清楚牠們住在哪裡，但牠們動作太快也太隱密，會叼著碎爆米花跑來跑去。

時至今日，我依然欣賞老鼠。牠們聰明到不行，而且除了過著最好的生活之外什麼都不在乎。如果你仔細想想，就會覺得這非常激勵人心：老鼠是天生善於在困境中生存的求生者，懂得如何在這世上任何一條街上過日子。

絕大多數地方我都進得去，辦法是在白天造訪，躲在裡頭，等到打烊。我去了桑戴爾購物中心，那是當時唯一一家超大型購物中心。我在人們購物時四處走動，然後躲進衣架之間，一直等到商店關門。到了晚上，我就躡手躡腳地出來，把這裡當成自己家。這裡只有一名保安巡邏，我會等他經過，然後跑到購物中心的另一端。

這裡的中心地帶有一家販賣美食的小精品店，我在這裡吃得像個國王，拚命把香檳火腿和松露巧克力往嘴裡塞，這些在一九八〇年代可是最高級的食品。到了該睡覺的時候，我找到一塊舒適的地方，鋪著毛絨地毯，用衣架上的衣服在這裡堆成一個小窩。

其他晚上，我會闖進超市，感覺自己就像《小飛俠》裡迷路的男孩。想像一下，你是個飢腸轆轆的街頭流浪兒，而眼前是令人難以置信的景象：一排排的食物。我學會怎樣在商店的走道來回走動，而不觸發感應燈或警報器。我蜷縮在最溫暖的地方，為自己安排了一場盛宴，而且離去前一定把周圍打掃乾淨。

不過，這些地方都沒安全到能讓我待超過幾個晚上。總會有人發現我擅闖，因此趕我走。

♰

有一段時間，我在一家保齡球館安身。某天晚上，我坐在街頭等天黑。一段距離外，我看到某人在打烊時間關閉保齡球館，關掉大型霓虹燈，鎖上玻璃拉門。他環顧四周，以為四下無人，接著把鑰匙藏在牆上一塊鬆動的磚塊後面。

他開車離去後，我來到他剛剛站的地方。經過漫長的搜索，撫摸牆壁各處，我找到了那塊鬆動的磚塊，將它拉出來，發現後面的小洞和一串鑰匙。我立刻拿走鑰匙，在任何人看到之前把磚塊放回去。

我從玻璃門窺視館內。在昏暗的光線下，我只能認出球道、鞋櫃和汽水機。但最重要的是我「沒看到」什麼：沒有監視器或防盜警報器的閃爍燈示。我覺得中了大獎。

我做的第一件事——我在任何一個陌生地方都會做——就是尋找逃生出口。除非想好退路，否則我永遠沒辦法放鬆。我這輩子向來如此。你永遠不會知道什麼時候需要匆促撤退，而我總是確保自己知道後門在哪。

我確認了一條能逃出保齡球館的可行路線後，就開始四處走動，啜飲汽水，吃著洋芋片和巧克力。這就是我當時最常見的晚餐——不管我闖進哪裡過夜，總是能找到洋芋片和巧克力。幾年前，我和媽媽還住在一起時，幾乎天天都餓著肚子睡覺，我願意為一塊巧克力付出任何代價，但日後的我很快就吃膩了。時至今日，洋芋片和巧克力依然是我最討厭的兩樣食物。

不過，我真的很喜歡這家保齡球館。樓上有一家叫「雪佛龍旅館」的酒吧，而通往那裡的樓梯外側有個始終保持溫暖的小空間，白天不會有人進去。我把這個小空間布置成了小窩，放了睡袋、一盞小燈，還有一些食物。這裡太棒了，我不用再睡在公園長椅上。我得到了舒適、溫暖、食物和睡眠。

我向來具有創業精神——機會其實到處都是，只是得在其他人都沒想過的地方尋找。

獨自漂流，無名無姓

夏天比冬天好過，這個季節讓我更容易維持整潔，這對我來說很重要，幾乎和尋找食物一樣重要。我覺得自己汙穢不堪，每次照鏡子的時候，還是會因為外公和老師對我的所作所為感到噁心。我討厭自己的身體，痛恨自己的皮囊。唯一能讓我稍稍擺脫這種羞愧感的時刻，就是剛洗完澡時。

在那時候，如果可以，我會一天洗三次澡。克難過夜時很難，但當天氣熱到能跳進海裡，就會稍微容易一點——我發現海非常乾淨——然後我會在海灘的公共淋浴下把自己沖洗乾淨。

在十分偶然的情況下，我學會了衝浪。某天，我闖進布羅德沃特附近一棟屋子，從冰箱裡找東西吃時，住戶突然回來了。我從後院逃走。正要翻過圍籬時，我發現一塊衝浪板斜靠在此。我把它夾在胳臂底下，翻過圍籬，跳進運河，用衝浪板划過水面，來到安全地帶。我一路划到海邊，直接跳進浪裡，趴在衝浪板上划水來到大海上，等陸地上的任何鋒頭平息下來。

幸運的是那天的浪不算很大，我只是看著其他人衝浪，模仿他們的動作，直到掌握訣竅。我花了一點時間才學會如何在板子上站起來，但之後，我對衝浪上了癮。

那是我偶爾感到平靜的其中一次。我會出海穿過大浪，在海上漂流幾個小時，獨自一人，無名無姓，只是一個也在海上的普通人。在這裡，我的過去無關緊要。這種感覺就像在一個小泡泡裡，隨波逐流。

先偷車，再學開車

我學會開車的方式就跟我學會衝浪一樣：我偷了一輛車，然後摸索怎麼開。偷車不是什麼難事。電影把偷車演成一種充滿壓力又複雜的電線點火程序，火星四濺，但事實證明這全是胡說八道。如果是舊款的車，只要拿一支螺絲起子用力插進點火開關，轉動把手，這輛車就是你的了。再簡單不過，小孩子也會。事實上，就是一個孩子教我如何偷車，而另一個為我指點竅門。

一般的街頭流浪兒會闖進車裡，開車去兜風，把車子搞得一團糟；就算沒把車子撞壞，也會在棄車後蓄意破壞，像是砸毀車窗、在座位上撒尿。我覺得這種行為很沒禮貌，而我只有在需要從A點去B點時才偷車，之後開去我要去的地方，把車停在方便被找到的地點，車況跟原本一樣——除了點火開關裡插著一支螺絲起子。

如果沒必要，我絕不偷東西。當年為了活下去，我做了幾件現在令我後悔的事。但話說回來，因為我的成長方式和經歷，是非間的界線模糊到無法修復的程度。我見過的每個權威人物幾乎都曾背叛、羞辱或虐待我，如此一來，我又怎麼會尊重法治？我做了當時幾乎每個街頭流浪兒都會做的事：為了生存而偷竊。

那種生活並不輕鬆，後果會突如其來，且勁道十足——常常就是字面上的意思。

我在十六歲那年，受一個叫麥提的傢伙委託，把他的摩托車從布里斯本弄去衝浪者天堂。麥提的交友能力堪稱神奇，他就是有辦法跟最危險的人物交朋友，甚至是脅迫他們。他大多數的生意都跟毒品有關，而且你絕對不會想得罪他。所以他要我處理這輛摩托車時，我接下了這份工作。

這是全新的鈴木GSXR-1100，從靜止狀態加速到令人眼花繚亂的高速，只需要短短幾秒。想當然耳，這輛車是偷來的。而果不其然，警察在黃金海岸的郊區發現了我，要我在路邊停車。

注意到身後的閃爍燈光時，我驚慌失措，緊張兮兮，沒有駕照，騎著偷來的摩托車，在光天化日下的高速公路上不知該怎麼辦，所以我催了油門。

條子打開警笛，加速追來。我甩不掉他們——就算擺脫了一輛警車，另一輛就接著出現。不久，三輛警車咬著我不放，警笛大作。所以我跑得更快，把車速加到每小時一百八十公里，把警察遠遠甩在後面。

看著他們在我的後照鏡中遠去，我覺得自己所向無敵。我飛馳在法蘭克街上，直奔衝浪者天堂。不久，另一輛警車出現在我身後，但我為了過橋不得不減速。我捏了煞車拉桿，車速降到每小時一百三十公里，然後是一百二十。我拉動離合器，降到三檔。問題是，這是我第一次騎摩托車，結果我不知道自己其實降到了一檔。我在時速一百公里左右放開離合器。

接下來的摔車摔得我幾乎靈魂出竅，感覺就跟我被虐待時一樣。我飄離了自己的身體，看著發生的一切，卻什麼感覺也沒有。我聽到車內齒輪卡住發出的恐怖嘎吱尖叫，然後我被甩出去，飛過半空中，整輛車在路上側滑磨地。

我記得自己跌撞到地上，滾了好幾圈，直到在路邊停定，仰望天空。我只穿著牛仔褲和背心，但奇蹟般地沒撞破頭。

我站起來，檢查周身，發現自己毫髮無傷，沒有骨折，沒有流血，甚至不感到疼痛。我只是站在原地，好奇自己為什麼連一道擦傷也沒有，而一直追著我的警車只是從旁疾馳而過，彷彿我根本不在場。他們沒看到我摔車。

我不得不遠離現場和摔爛的摩托車，但幸好我比大多數人更熟悉黃金海岸。我在每條街上都有可以躲藏、睡覺和吃飯的地方，沒人知道我在哪。

但在那一刻最重要的是，我熟悉下水道系統。黃金海岸是建立在一套雨水排放渠道的系統上，我以前常為了避人耳目，透過這套下水道，從一個郊區前往另一個郊區，而現在我離其中一個渠道的入口不遠。

聽見更多警笛靠近時，我朝著入口跑去，但突然想到一個更好的辦法。附近有個工業用的大型垃圾箱，由該地區幾家公司共用，並保持沒上鎖的狀態。我掀開蓋子爬進去，鑽進垃圾堆底下，用一塊金屬板蓋住自己。

不久，我聽到外面的騷動──四面八方的跑步聲，警用無線電劈啪作響。我清楚記得一名警官站在垃圾箱外，跟調度員說他發現我的腳印通往排水渠道，並要求派搜查隊前往。

我躺在黑暗中，滿身大汗，渾身發抖，聽到警察搜查我周圍的區域。我知道他們遲早會想到搜查垃圾箱，但我不敢動，以防他們發現我試圖溜走。

垃圾箱的蓋子突然打開。我爬進垃圾箱時是大白天，但現在看到夜空中的繁星。看來我在某個時候不知不覺睡著了，不然就是我其實還是有撞到頭。

蓋子吱嘎一聲打開，一張熟悉的臉孔探進垃圾箱裡，是個住在街上的老人，總是揹著用來蒐集廢料的麻袋。

我非常慶幸他不是警察，所以開心地大叫，連忙想爬出來。老頭嚇得放開蓋子，差點害我今天第二次被撞倒。

爬出垃圾箱後，我撣撣身上的灰塵，禮貌地向老人點個頭，接著朝衝浪者天堂的方向走去。

我覺得自己似乎真的是堅不可摧，體內充斥著腎上腺素，這種興奮感持續了三天才消退。然後我終於開始全身浮現瘀傷，意識到自己其實渾身疼痛。

我一點也不是堅不可摧，只是非常、非常幸運。

這世界並不欠你任何東西

當然，再好的運氣也無法永遠持續。

有一天，我勇敢過了頭，決定從當地一座加油站偷一輛車。它並不是很酷炫的車，只是一輛破舊的小轎車，但我經過時，注意到車主進店裡付油錢，把鑰匙留在汽車的點火開關裡。一時衝動下，我跳進車裡，駕車離去。這是一起完美的犯罪，只有兩個細節例外。一、這輛車是手排檔，而我根本不會開手排；我在公路上開了一百公尺，試圖換檔時，車子熄了火。二、車主的腳程出奇地快，就算他是我這輩子見過塊頭最大的薩摩亞人。

他一下子就追上我，打開車門，把我拖到路上，第一拳就打斷我的鼻梁，之後我已經被嚇得癱瘓，什麼也感覺不到，就算他一次又一次毆打我。

一番毒打後，這傢伙終於放我走。他回到車上開走時，我癱倒在路邊。他剛離開大約兩百公尺，我就看到他停下車，倒車燈亮起。

我的第一個念頭是他還沒打夠，要回來再修理我一頓。然而，車子停在我身邊，他丟給我一件備用上衣。

「拿去，」他說：「把臉上的血擦掉，老兄。」

然後他下車，在我身旁坐下，解釋他為什麼把我打得這麼慘。他說他很沮喪——他正要去上討厭的班，他不得不一天值兩班，因為他太太懷孕了。

「我窮得要命，剛剛只拿得出五塊錢加油，而現在有個小混球想偷我的車。」

「抱歉。」我說話時，用沾滿鮮血的上衣摀著臉。

他搖搖頭，告訴我，只有無法控制自己人生的人才會說「抱歉」。如果把握一個機會就會害別人處於不利位置，這麼做不是好事。我的行為很可能會毀了某人的一天，甚至一生，而我對此卻一無所知。更糟的是，我這麼做可能會被抓到，因為惹出麻煩而被打斷鼻子。

「沒人欠你什麼，尤其是我，更別提我也很窮。」他站起身，打開車門。「希望這件事有讓你學到教訓，老兄。願上帝祝福你。」

我目送他沿這條路離去，直到他的車尾燈消失。我覺得難受極了。

人生就是有辦法在你陷入低潮時再多踹你幾腳；我偷了一個比我更需要幫助的人的車，而他有工作和家庭。

我為自己的所作所為痛恨自己，而在這之後，我更加挑剔自己偷什麼、和誰在一起，試著每天都改善自己。

只要可能，我會找店家給我工作，或主動提出用勞力換取食物，只把行竊當成最後手段。

拳擊館裡的人肉沙包

某天晚上，我跟一個十足的陌生人找架打，原因純粹是我想打架。他的塊頭和年紀都比我大。就跟那次在加油站偷車一樣，這個人也為我上了重要的一課。這將是我最後一次為了樂趣而找人打架。

我還沒來得及出拳，已經被這傢伙擊倒，不是一次，而是三次。我每次起身後都更決心要打敗他，卻只是一次又一次倒下。

最終他放下雙手，停止了這場打鬥。「夠了，老兄。」

之後，我們開始交談。我們其實處得挺不錯。他跟我說他在離衝浪者天堂不遠的一家拳擊館練拳，並建議我去那裡學拳擊。

也因此，我想試試成為職業拳擊手。

我走進拳擊館，當時的態度算是：「老子來了，我要成為全世界最強的拳擊手。」

一位頭髮花白的老拳擊教練說：「這意味著你必須訓練，你明白嗎？不訓練就成不了拳擊手。」

「沒這麼複雜，」我爭辯：「我進擂臺，把另一個人打成孫子，我就成了冠軍。」

教練只是搖頭走開。

他讓我打了幾次，都是我贏，但他向我解釋，我打鬥的方式其實不是拳擊——他認為拳擊是一種優雅的運動——而是鬥毆。

「你不能咬人，比爾，」他告訴我：「不准抓撓或用腳踢。不能試圖扯掉別人的耳朵。」

「可是我贏了，不是嗎？」我會如此反駁。

「勝利不是一切。」

但對我來說，勝利就是一切。

有一天，我坐下來，把一切盤算清楚。我意識到，世界上所有頂尖拳擊手都忍受了多年的痛苦，在沒錢也沒頭銜的情況下經歷幾百場戰鬥才能晉級，他們的犧牲努力到時候才真的有回報。我不想為了一張支票而跟一百個人打，我想只跟一個人打就成為冠軍。

另外，我親眼目睹了拳擊會把身體搞得多慘，很多老前輩在退休後都過得不好。

我當下就做出決定：拳擊不適合我。

在這些菁英拳擊館裡，想成為冠軍的拳擊手雖然沒錢拿，但如果當他們的練習對象，是能拿到一點現金。所以，我跟教練稍微混熟一點後，就進去當一些知名拳擊手的陪練。

我的想法是，我可以盡最大努力成為職業拳擊手，除了獎盃什麼報酬都沒有，不然就是挨拳頭賺錢——哪個選擇更好，再明確不過。我當時的態度是：「打我幾下，付錢給我。」

我找到了最適合我的工作：人肉沙包！這是我賺過最好賺的錢。我唯一要做的就是站在那裡——彎腰、左右搖擺、格擋，偶爾朝空氣揮出一拳——拳擊界的明日之星則是四處移動，用刺拳打我。

唯一的問題是，他們偶爾會揮出令我始料未及的一拳，我一被打到就會不假思索做出反應，擊倒可憐的對手。

「抱歉，」我會這麼說，彎腰扶他們起來，「我還以為你要當職業級的呢。」

這份工作在結束前真的滿不錯的。

第十三章　伊普斯維奇的皇后們

葬禮可以是一件快樂的事

我一再付出代價學到的教訓是：美好的事物不會永遠持續下去，所以你應該在擁有時好好享受，而且慶祝曾經擁有的時光。

有時候，葬禮可以是一件快樂的事。與其糾結於因為所愛之人離世而失去的一切，還不如慶祝你們曾在一起的時光。約瑟的葬禮絕對屬於這一類。

約瑟僱我去介入他的告別式並發表一些聲明。這傢伙真的很特別。他和男友布萊恩被鎮上的人稱作「伊普斯維奇的皇后們」。他們在一起很多年，早在澳洲同性婚姻合法化之前就互相稱對方為丈夫。

這兩位超級外向又浮誇，根本不在乎別人的看法，也沒人能阻止他們玩得開心。值得強調的是，在約瑟和布萊恩還年輕的時代，兩個男人要結婚是需要多大的膽量。在一九八〇、九〇年代，黃金海岸上的街頭孩子和青少年在週末為了找點樂子，會四處欺凌同性戀。在那時候，這個社會對同性戀非常不寬容。

因為我那一代人的偏見，對同性戀者——尤其是男同性戀者——的公開批評，讓他們跟戀童癖沒兩樣。依據我從小對同性戀的理解方式，我覺得我外公——戀童癖兼性掠奪者——

跟喜歡男人的那些男人沒有區別。隨著我長大，受了更多教育，我意識到這種想法是多麼無知。同性之愛就是愛，就是他媽的這麼簡單。

約瑟和布萊恩向來是派對的活力泉源。在他那個時代，約瑟是那種總是想出新發明的人，有些點子讓他發了大財，因此他和布萊恩過著非常充實富足的生活。

他們總是在尋找一些古怪、有趣、有點與眾不同的樂趣。因此，約瑟得知自己來日無多時，覺得不妨把這件事搞得熱鬧點。他們聘請棺材告白者，算是把我當成特別來賓，只登場五分鐘的新奇玩意兒。

說真的，那真是一場超棒的葬禮。我的工作是在現場出現，做個簡短的演講，然後遞給布萊恩一個信封。我不知道那封信裡寫了什麼，但這讓布萊恩非常激動。有那麼幾分鐘，他只是站在那裡，把信抱在胸前，淚流滿面。那是幸福的眼淚，但應該也包含不少悲傷。

按照事先囑咐，我叫大家玩得開心，並告訴布萊恩回家後最好檢查一下襪子抽屜。

我遵照約瑟的指示，在他們家做好了安排。在襪子抽屜裡，一排排整齊的襪子和內褲上面，放著一盒全新的保險套和一張字條。

「我先走一步，」字條上寫著：「你玩得開心，注意安全。」

第十四章　我非凡的平凡妻子

轉學生與美少女

老實說，我一直只想過正常人的生活。頭上有屋頂，口袋裡有錢。有個我能信任的人，而不是遭到背叛。

最重要的是，我想上學。我想受教育，渴望和同齡人為伴。曾和我一起在街頭遊蕩的那些孩子年歲漸長，也因為經歷過的事而變得冷血。你如果需要偷東西或教訓誰，他們是能幫上忙，但他們並不是所謂的「朋友」。

十六歲那年，無聊又寂寞的我路過一戶人家的後院，看到晾衣架上一件南港州立高中的制服隨風轉圈，所以我直接偷走了。我穿著這件制服，走進校園，看到一些和我年齡相仿的孩子。

「你們是哪個年級的？」我甚至不知道我這個年齡的男孩應該上什麼年級。「十年級？了解，聽起來不錯。我該去哪裡？」

他們說正要去上數學課，並向我展示了日記簿和行程表，上頭寫著他們該去哪節課。這一切對我來說都很新鮮，我完全不知道公立的普通學校如何運作——因為在南港學校是寄宿學校，所有安排都以此為中心——但我還是跟著這些孩子去上課。

我走進教室，向老師介紹自己是轉學生。她說不知道有轉學生要來，但沒關係。

「坐下吧，你可以坐那兒。」她指向一段距離外。

一名金髮美少女的前面確實有個空位，她正盯著我。我走過去坐下，把椅背往後傾，試著表現得酷帥又冷靜。但我向後傾斜得過了頭，撞到身後女孩的書桌，上頭的課本和鉛筆散落一地。

我原本試著保持低調，卻立刻做出反效果。

「你搞屁啊？」我身後的女孩說：「你在幹什麼？」

「抱歉。」我被她那雙美麗藍眸吸引住了，算是當場墜入愛河。我從沒見過這麼美的人。她名叫蘿拉。頭幾個月，我跟她和其他人一起出去玩，直到後來有一天我終於單獨約她出去。我覺得自己選了最完美的告白時機，並期待她會立刻說她也喜歡我。但我提問後，她只是沉默很長一段時間。

「我應該算是喜歡你吧。」她終於答覆。

幾個月後，學校裡有人意識到我其實並不是這裡的學生。我不能再來上課了。但那時已經晚了——我和蘿拉戀愛了。技術上來說，我們就是所謂的高中甜心。

真名

蘿拉是個好女孩，學業優異，而且參與射擊運動。她一身肌膚賽雪，有著一頭長長的金色秀髮和非常寬的肩膀。她是游泳運動員，正努力成為奧運選手。當時訓練她的是前奧運泳將羅伯特・內伊（Robbie Nay），蘿拉被吹捧為繼崔西・威克漢姆（Tracey Wickham）和麗莎・柯瑞（Lisa Curry）之後的泳界新星。

她每天早上和下午都在泳池裡來回游好幾圈，把個人最佳成績再縮短零點幾秒，持續精進。她當時已經打破了許多紀錄，至今仍然保持著一些尚未被打破的學校賽事紀錄。

相較之下，我顯然是完全不一樣的孩子。蘿拉總是說我有潛力，但當時的我自己看不出來。

當時我身邊最值得倚賴的東西，大概就是我的車，一輛福特獵鷹ＸＢ，我花了兩百五十塊跟東尼和柯米・科伍兄弟買來的。我是在當人肉沙包時認識了東尼，柯米則販賣品質最好的大麻。

那輛ＸＢ成了我的家。我會把車停在蘿拉爸媽家轉角處的加油站，晚上睡在車上，起床後用加油站給汽車散熱水箱加水的水龍頭洗漱，然後換上最乾淨的衣服去接蘿拉，帶她出門。

不是每個人都贊成我們交往。蘿拉的哥哥（湊巧也叫史考特）說要扭斷我的脖子，他曾在黃金海岸四處追殺我，我必須全力逃跑才能脫身。

而她的教練羅伯特・內伊對我更是恨之入骨。說真的，我也不太喜歡他。

羅伯特跟蘿拉說，她可以選更好的交往對象，和我在一起只會毀了她成為奧運選手的機會，但她充耳不聞。她無法容忍任何人說男友的壞話。她身邊的人們試圖將我們分開，但只會拉大他們跟她之間的距離。

如今回想起來，她家人擔心的就是確實在發生的事：她愛上了一個迷途的男孩。而我愛上了這個完美的年輕女人。這是典型的異性相吸。

我最終等於把蘿拉帶離了她原本的人生。我迫切需要支持和愛，而她想用愛來彌補我在童年經歷的傷害。因為我從沒得到任何關注或愛，所以我非常渴望愛情，我永遠沒辦法放她走。

突然間，這女孩成了我的全世界。

蘿拉激勵我做出改變，試著糾正自己的路。我向她說明我的過去、發生在我身上的事，她是第一個給我安慰和幫助而不是利用我的人。她鼓勵我試著與過去和解，幫我找出真正的我。

我試著向社服機構尋求資金、好讓我倆有地方住時，得知了自己的真名。試圖幫我的那名職員，在所有政府紀錄中都找不到與我匹配的「史考特・羅賓森」。我媽當初其實根本懶得幫我合法改名，只是有一天跟我說我叫史考特。這名職員跟我說了我的真實姓名，並給了我出生證明的副本。我叫比爾．史考特．埃德加。

我早就知道，那個被稱作史考特．羅賓森的街頭小子配不上蘿拉。在那一天，我決定讓史考特．羅賓森死去。

我帶著口袋裡的一點錢，走進一家二手店，買了新衣服。一切都是新的：短褲、上衣、內褲，甚至一條丁字褲。換作不久前，我會直接偷走這些或更好的衣服，但現在的我已經金盆洗手。

我走進這家店，脫光衣服，把史考特．羅賓森的身分和我的舊衣服丟在地上。從今天起，我是比爾．埃德加——再也不會跟羅賓森一家扯上任何關係。

我盡我所能善待蘿拉，但我在社會上依然站得不夠穩，求生依然是例行公事。我終於湊夠錢後，我們找了間公寓一起搬進去。然後她告訴我，她懷孕了。

那時候，我最好的朋友很震驚，叫我：「快逃啊！」

可是他這種反應令我驚恐。「我幹嘛要逃？我愛這個小妞，而且我要當爸爸了！」

我真的超興奮！我靠，我當時真的不知道接下來的日子會多麼不一樣。第一次抱著孩子的那一刻，你的整個大腦迴路會重新連接，你的想法、觀點和整個存在都圍繞著孩子重新排列。

蘿拉在十八歲那年生下我們的兒子。雖然我一生中大部分時間是在危險中度過，但有了孩子後，我才明白什麼是真正的恐懼。是我們把這個生命帶到這個世界，現在我有責任照顧並保護它——這是非常深刻的覺悟。我願意為我兒子做任何事，忍受一切。我準備好徹底改變我的人生。

我當時不知道的是，我的人生很快就會改變——一些非常糟糕的爛事即將到來。

惹禍上身

我流落街頭的時候，成了某個流浪兒社群的一員。我們會一起外出，想辦法活過白天，晚上有時會一起聚在公園或橋下，鋪床過夜。警察會找我們麻煩，要我們換個地方，但這沒什麼大不了。

有些警察真的是好人。如果他們發現你做了些壞事，而且看得出來你真的是一個飢腸轆轆又走投無路（為了逃離某個很糟糕的環境）的街頭孩子，只會踢你屁股一腳，或彈一下你的耳朵，然後不再煩你。他們知道我們大多只是想找個安全溫暖的地方，或是找點食物。

當然，有些孩子不是這樣，他們把犯罪當成生活方式。跟我共處過的幾個人，就想成為真正的幫派分子，像是班恩和札克，總是試圖招募其他孩子加入由他們當頭目的幫派。他們做出了確實是犯罪的行為，像是把人毆打一番、奪走錢包，並稱之為「滾」（rolling），例如，「咱們來滾了這傢伙！」他們偷車，把零件賣給所謂的殺肉廠，也把其他值錢的東西賣掉。

這些事我一律不碰。我討厭蓄意破壞，也討厭幫派，無法忍受自己成為幫派分子。他們以前常說「人多就安全」，但對我來說不是，我寧可獨自一人。

如今回想起來，這些傢伙想拉幫結派，把街頭生活搞成一門生意，這種想法真他媽有夠天真，絕對不會成功。

然而，這也足以讓我惹禍上身。

某一天，當時的我才十六歲，我們為了某人身上的香菸而「滾」了他。其實我們根本不想要這些菸，只是單純想找麻煩。我向這人要一根菸，他拒絕了，所以開始找他麻煩，純粹因為我自以為了不起。

這件事在我眼裡沒什麼大不了，但這人找了警察，而他們對這個小案子做出了大反應。來自海岸各地的警察朝我們逼近，這是一場大搜捕！

他們在橫跨內蘭河的公路橋下逮到我們。我們上一秒還在這裡鬼混，下一秒突然有一大堆警車從四面八方湧來。

條子逮捕了我們，把我們扔進警車後座，班恩開始驚慌失措。

「噢，我們死定了，這下真的完蛋了！」

札克試著保持冷靜，一臉嚴肅，不停告訴我們：「什麼也別說，一個字也別跟他們說。」

「緊張什麼？放輕鬆，」我說：「他們能怎樣？我們只是搶了幾根菸，有啥大不了。」

我們被送進看守所，他們把班恩和札克關在同一間牢房，把我關在另一間。我一點也不擔心。我當時十六歲，確信身為少年犯一定能無罪開釋。但我不知道的是，在昆士蘭的司法制度裡，十七歲就已經是成年人，而再過不久就是我的生日。十七歲這個年齡雖然還不能買啤酒，但在法律的眼中，已經大得能去坐牢。

我很快就得知此事。一名警察來到我面前，問我知不知道我被指控什麼罪名。

「我偷了一根菸。」我聳肩。「有啥大不了。」

「那你的小夥伴呢？你跟他們有多熟？」

我告訴他，他們只是跟我一樣的流浪兒。「我們一起玩、找吃的之類的。我跟他們其實不算熟。」

警察只是搖頭。

「那麼，你知不知道他們是銀行搶匪？他們是通緝犯，持械搶劫，而你會跟他們被共同起訴。」

「啊？」我朝警察眨眼。「為什麼？」

「你已經依據刑法第九十九條被逮捕：『以威脅索取財物，意圖偷竊。』但既然你們三個會站在同一個被告席上，檢方也會以持械搶劫罪起訴你，刑期將是八到十二年。」

我靠，我心想。**看來我完全打錯算盤**。

我這輩子做過最聰明的事

我被關在看守所裡還押候審。我名下沒有房子，也繳不出保釋金，所以法官認為最好把我關押至開庭。

也因此，我在牢裡蹲了三個月，試著弄清楚該怎麼辦。我看著其他囚犯來來去去——警察拖來新的犯人，拖走舊的。三不五時會有個律師來找客戶，沒有一個是為我而來。

三個月過去了。我坐在那個籠子裡，迎來我的十七歲生日，當然沒有慶祝活動。但在那段時間，我了解看守所的規律，很快就認出某些律師。有一天，我見到一位名叫華勒斯的律師，聽說他是個好人，是少數幾個真正在乎客戶的律師。

我喊住他：「嘿，夥計！我能不能跟你聊幾句？」

他來到我面前，我向他說了自己的情況。他告訴我，如果我跟班恩和札克一起受審，我們三人應該會因為搶劫銀行而被起訴和定罪。我會跟他們服一樣的刑期。

他稍微壓低嗓門：「偷偷建議你，你在任何情況下最好都別出現在那個法庭上。你應該明白我的意思。」

華勒斯說，他可以在有條件保釋的情況下把我弄出看守所。意思就是我必須去和某人住在一起，如此一來，只要我能給警察一個姓名和地址——任何姓名和地址——他就可以把我弄出去，直到我受審。

我給了警察我舅舅的姓名和地址，他對此一無所知，幸好警察似乎也沒問。我被保釋出獄了。我被允許走出監牢，條件是我將在兩週後出庭，跟我的同案被告一起受審。這意味著，我將因為偷香菸而被以「持械搶銀行」罪名受審。想當然耳，開庭那天到來時，我早已遠走高飛。

這是我這輩子做過最聰明的事。他們其中一人被判在最高戒備監獄坐六年半的牢，另一人是九年。事實證明，在整個還押期間，札克和班恩都在想辦法為檢方提供對彼此不利的證據。「盜亦有道」——好一句屁話！這條規矩也許適用於監獄外頭的世界，但在監獄裡，對他們這種人來說，「榮譽」只是另一種可以用來交易的貨幣。

當然，在那之後，他們因為我沒有出庭而對我發出了逮捕令。華勒斯曾建議我自首，但我才不打算這麼做。我根本不在乎，打算永遠在街頭流浪。

可想而知，警方在不久後抓住了我。我當時在公園，剛用紙箱和其他東西鋪了張床要過夜，這時閃燈出現。

條子正在執行例行公事，把人們趕離街頭。他們如果在公園裡發現你，會叫你另外找個地方睡覺，然後就不會繼續煩你。但我當時心情惡劣，叫他們去吃屎。他們逮捕了我，發現我被通緝，於是我又在牢裡待了三個月。

我因為偷菸事件被判三個月，因為逃避出庭而再判三個月，他們還拿闖空門的罪名給我多加了一點刑期。

那次是因為我闖進一間聖公宗教堂，我透過朋友認識的某個牧師在那裡服侍。某天晚上我路過，想起曾向他傾訴我的受虐經歷，當時他明明能救我一命，卻選擇羞辱我。為了報復，我闖進教堂裡大肆破壞。我進入司法絞肉機後，這件事就回來找我麻煩。

監獄

我當時剛滿十七歲，還是個孩子，他們卻把我送去「伯格路監獄」，這是殖民時代的一所監獄，以殘忍和暴力而惡名昭彰，因此在二〇〇二年關閉。這些年來，那裡成了鬼屋探險的勝地。

說真的，我認為他們之所以把我放在那裡，是因為沒有其他地方願意收我。我無家可歸，沒有工作，沒有食物，身無分文。蘿拉已經回娘家跟她爸媽一起住。監獄不僅用來關押罪犯，也是窮人、精神病患、殘疾人，以及社會不知該如何處理的任何人的垃圾場。

我就是最後這種。我是個流浪兒，靠能夠撿到、拾荒或偷竊的任何東西維生。我遲早會被關起來，而我為了活下去做過一大堆狗屁倒灶的事，像是偷車、闖空門、販毒……最後居然因為偷一根菸而被捕。

這也太好笑了吧？一根菸。況且我根本不抽菸！突然間，我被關進牢裡，跟我作伴的是這個星球上最冷血、暴力又病態的性掠奪者。我在牢裡這樣自我介紹：「嗨，你好。我偷了一根菸所以被關進來。你呢？」

真他媽扯。

可是你猜怎麼著？這還不是我在那個月收到的最慘消息。銀行搶案審判後的幾星期裡、警察找到我之前，我在離南港警局不到五十公尺的廢棄工廠裡睡覺、躲藏。

某天，在我回工廠的路上，一輛銀色小車停在我身邊。我正打算快步離開，發現車上是我媽和我的一個阿姨。她們下了車，問我過得怎麼樣。

「我很好。」我撒謊。就算我很快就要去坐牢，我也不想讓她們擔心。

我媽似乎不太相信，問我有沒有什麼話想告訴她。我以為她的意思是她聽說我犯了法。在我思忖著要跟媽媽說什麼的時候，阿姨打了岔。

「你媽的意思是……」她似乎不確定該如何啟齒。「你外公有沒有……摸過你？」

我震驚地瞪著她。這並不是我想跟她們討論的話題，我覺得實在太丟臉，不敢相信她們居然問了我。

「有。」我沒想到自己衝口說出：「媽，我有好幾年試著想告訴妳，但妳就是不相信我。」

我向媽媽說明一切，並質問她當初為什麼不保護我。

「我只要說外公壞話，妳就會發火揍我。」

她沒答話。事實上，她完全沒吭聲。她和阿姨只是回到車上，駕車離去，留下我像隻迷路小狗一樣站在馬路上。

我覺得難受、憤怒又無助，回到廢棄的工廠，蜷縮成一團，哭著睡著。

幾天後，我決定前往母親的住處，她仍然和我的兄弟姊妹住在那裡。但我抵達時，發現他們正在收拾行李，又準備要搬家。

我在廚房找到媽媽，問她要不要我幫忙打包，還有她要搬去哪。我原本希望無論下一個住處是什麼地方，也許也能容下我。她直視我的眼睛，說要搬去外公那裡。

我確定我的心跳漏了一拍，發現自己呼吸困難。無數想法和情緒在我的腦海裡閃過，我不太能理解她剛剛對我說的話。我在幾天前才確認她的父親——我的外公——多年來一直虐待我。而現在，她居然要和他住在一起。

就是在這時候，我開始拼湊所有線索。她安排我跟外公去釣魚；總是安排我和他獨處；我每次鼓起勇氣說出真相時，她都會把我打得再也不敢說出口。

她知道。**她從頭到尾都知道真相**。

最糟糕的，是她從他那裡拿錢、他給她的施捨，這樣她就可以繼續過日子，完全不用工作。我的親生母親，把自己的孩子出賣給戀童癖，而且那個戀童癖就是她的親生父親。

我被虐待得最慘的時候，那棟有三間臥室的房子裡住著八個成年人。我不禁好奇，他們怎麼可能不知道發生了什麼？

多年後，這一切得到了其他親戚的證實，但就是在那一刻，我對母親失去了所有的感情和尊重。我曾經愛她，曾抱持著「她有一天可能也會愛我」的孤獨希望，但這一切都只是虛空。我對這女人有過的每一絲情感徹底離開了我，悉數消失，永不歸來。

那一刻，在那個廚房裡，我感到前所未有的憤怒。我想朝她的臉吐口水，但其他想法控制了我的行動，我下意識走出門外，一句話也沒說。

對我來說，她已經死了。無論監獄為我準備了什麼，都不會比我之前的人生更糟。

第十五章　最後的請求

沒有人參加的葬禮

我有好幾個客戶是提前很久來找我。其中一些人離生命的盡頭還很遠，是身體健康的年輕人。也許他們只是想要一點保險，想確保他們最後的懺悔不會跟著他們一起進墳墓。

他們會給我一個信封，裡面裝著他們的祕密，然後繼續過日子，知道我會在他們的葬禮上宣讀。我們約定的一部分，是祕密的細節會一直密封在信封裡，直到客戶死後。

在我的辦公室裡，有一個又一個裝在信封裡的祕密。我從不事先讀這些信，而只在葬禮上宣讀，但一般來說，我在同意接下一份工作前，會先大略知道祕密的內容。

我參加過的一些葬禮是派對，其他則是苦樂參半，但少數幾個平淡無奇。有些人是過著那種「死後不會有人來送行」的生活。

這類人聘用我，是因為他們放不下一些根深柢固的可怕遺憾。這種祕密會破壞其他人的人生。

有幾次，我和人們坐在一起，聽他們說希望我怎麼介入他們的葬禮，而他們散發的某些特質讓我感到毛骨悚然。有個人向我透露，他在年輕時做過一些壞事。他是最糟糕的那種性變態，喜歡殘虐、偷窺、獸交。我覺得這只是冰山一角。

他是真正的人渣，尤其在跟他家人有關的方面。基本上，他是典型的施虐伴侶和父親，在精神和身體上摧殘他的孩子。也因此，他的女兒死了，家裡每個人不再跟他有任何往來。

他把其他必須坦白的事寫在紙上，裝在信封裡交給我，要我在他的葬禮上向在場的哀悼者宣讀。

說真的，我有點害怕那天到來。我實在不期待得知，這個人決心在死後說出什麼真心話。葬禮那天，我早早來到會場等待，等了很久，但沒人出席，一個也沒有。

牧師對一排空椅子做了簡短的樣板演講。結束後，我站起身，把信封放在棺材上，然後走了出去。我的工作完成了。

如果我們過著的人生，意味著根本不會有人在乎我們是死是活，這表示這種人生很失敗。

妓女治療師帶著恩客的祕密死去

有些人則掉進社會的裂縫裡，而且通常不是因為他們犯了什麼錯。有太多人在抵達生命盡頭時，一路上被每個應當照顧他們的人利用、虐待，然後扔到一邊。

茱蒂在這世上孤苦無依，她是那種被徹底拋棄的人。就算曾有人在她年輕漂亮時關心過她，那些人也已經不在了。現在，她身邊一個人也沒有。她是一名專業的「按摩治療師」，曾在黃金海岸的按摩手槍店工作，在那條街上的破舊旅館裡小有名氣。

她有過毒癮，所以雖然只有五十三歲——只比我大一歲——但看起來像是八十多歲。她接受了復健，在晚年徹底戒毒，但依然保有一些吸毒者在戒毒後會有的那種蠢蠢欲動。靜脈注射毒品和接踵而來的疾病毀了她的身體：肺氣腫、心臟問題、鈣化靜脈、血栓。雪上加霜的是，她後來被診斷出癌症末期，來日無多。

她知道自己快死時，開始擔心自己的骨灰該怎麼處理。她發現，一個人如果在死時沒有近親，也沒錢安葬，就會成為市政府的責任。你會被即刻火化，除非有人自願蒐集你的骨灰，否則會被撒在公共土地的花園裡。

茱蒂很討厭這種下場。因為生活中的某些經歷，她很害怕成為國家處理的案子，即使是死後。但她在世上沒有任何朋友能幫她處理骨灰，所以她不知道該怎麼辦。

所以她找上我。某天晚上，她上網搜尋：「人死後會怎樣？」

「我在Google上搜尋各式各樣的資料，」我們見面時，她告訴我：「『來世是什麼樣子』『除了被埋葬在地底腐爛之外，還有什麼選擇』。」

茱蒂瀏覽了各種選擇，曾考慮過種植箱，能把遺體和種籽一起埋在裡頭，隨著時間推移，你的身體會分解，用來滋養持續生長的樹木。但到頭來，她還是決定火化。

「我想待在海裡，哪裡的海都無所謂，」她告訴我：「我是雙魚座，水象星座。」

除此之外，她的請求很簡單。她要我介入她的葬禮，叫牧師坐下來閉嘴，因為她是無神論者，無法容忍任何一個大型宗教假裝在她死後關心她。茱蒂經歷了一輩子的狗屁倒灶，死後不想再忍受。

她的人生太辛苦，所以現在無法忍受蠢貨，我在這方面跟她感同身受。人們會對你說，每個人都要做出選擇，而且有什麼下場都是應該的。也許是吧，但有些人根本沒得選，而是被迫接受。人類可不是被放在籃子裡、按種類分類的蔬菜瓜果。

她曾經在街頭生活，必須乞討、借貸、偷竊。我明白那種感受。

她唯一擁有的是自己的身體，也因此靠賣身為生，這讓她賺到足夠的錢來維持生計。這麼做並不羞恥。求生是有尊嚴的，遠比用你自己的道德觀來評判別人更有尊嚴。

我同情茱蒂，真心同情。要不是遇到讓我離開那條路的蘿拉，天知道我現在會在哪裡。茱蒂雖然不是沒錢，但我並不打算堅持平時的收費標準。我答應接下這份工作。

茱蒂活了半世紀，就算她唯一拿得出的紀念品只有她的回憶。她堅信：只要有機會，就該嘗試。活著時應該盡可能多製造一些回憶，因為那是你唯一帶得走的東西。

她不想跟我分享這些回憶，因為有些對她來說太過珍貴。她想在死後去的來世裡慢慢享受，有點像是為下一個世界保留的嫁妝箱。

她樂意對我滔滔不絕描述的，是她的客戶。那些去她的旅館房間光顧她的名人，包括地方政客，他們在工作日為保守的政黨競選，然後在週末付錢給她，玩起「綁縛與調教」之類的性愛；還有經常拜訪她，利用這個機會向她傾訴心事的已婚男性。她認為自己既是妓女也是治療師，她比他們的妻子更了解這些男人。

這是她對我的最後請求：要我轉告那些經常跟她同床的客戶，請他們放心，他們的祕密不會曝光，而且她要請他們每個人喝一杯。她就是喜歡請客喝酒，這是她一生中最大的樂趣之一，大喊「我請在場每個人喝一杯」，然後聽到人們歡呼致意。

所以葬禮結束後，我收拾了她的骨灰。不久的某個美麗早晨，我把她的骨灰撒在主海灘的水線上，離衝浪者天堂不遠。我說了幾句悼念之詞，在場的只有我、蘿拉和我的狗。

之後，我前往她在從事性工作時所待的旅館之一。這時是中午，對酒館來說是安靜時間，只有一個乏味的酒保和幾個穿著反光背心的工人圍坐在一張餐桌前。我不禁好奇，他們當中是否有人認識茱蒂，曾是她的客戶或酒友。他們當中有沒有任何人想念她，甚至注意到她一直不見蹤影？如果有，會在乎嗎？

按照茱蒂最後的心願，我為他們買了一輪啤酒，來到他們所在的桌邊。

「這是茱蒂．傑克森請的啤酒，」我宣布：「她死了，而且帶走了你們的祕密。」

他們有點吃驚，但為啤酒表示感謝。

「乾杯！」他們為茱蒂．傑克森乾杯，這名女子信守了承諾，只帶著諸多祕密離開了這個世界。

這整件事很令人難過。有太多人一輩子就是一個機會也沒有。他們一輩子被施虐者毀壞、欺騙，影響了發展。茱蒂只是其中之一，而這種可憐人在世界上有幾十億個。他們大多會淪落到同一個地方，而且不是你想去的地方。

第十六章　伯格路監獄

入獄第一天

我曾經騎著偷來的摩托車逃離警察的高速追捕，也被職業拳手毆打過，但這些跟入獄第一天相比算不上什麼。

我所有的感官都處於高度緊繃狀態。我能聽到、看到和聞到所有人事物，每一個細節都完整又清晰。與此同時，我盡量避免直視任何人，或是讓兩條腿劇烈顫抖。

我被送上囚車時，徹底感受到那一刻的超現實感，我能打從骨髓裡感覺到。時候到了，危險迫在眉睫，我卻無法逃跑、躲藏或脫身。我這輩子用來保命的所有技巧——我的頭腦和速度——在我被鎖在監獄運輸車的座位上時都派不上用場。

廂型車上還有八名囚犯，年齡和背景各不相同，其中三人是在出庭後要回監獄，剩下的是跟我一樣剛被判刑的初犯。我是他們當中最年輕的，其中一個老鳥把我上下打量一番，然後對所有菜鳥演講。

「你們應該知道在牢裡怎樣才能獲得尊重吧？你們得撂倒塊頭最大的傢伙，表明立場，從第一天就表明。」

另外兩個犯人哈哈大笑，但表示同意。我和其他新人都被嚇壞了。我們接下來到底要面對什麼樣的日子？

囚車放慢速度，停在監獄門口。我們聽見警衛詢問車上有多少囚犯，以及年齡、姓名、移送之類的細節，接著聽見伯格路監獄大門打開時發出的刺耳金屬摩擦聲。

伯格路監獄惡名昭彰，澳洲各地皆有所聞。這裡從一八八〇年代到一九八〇年代是布里斯本最大的監獄，而倒楣的我得在這裡服刑。但在此時，這裡是以惡劣的環境、暴動、絕食、迫害囚犯，以及暴力行為而臭名遠揚。

監獄分為殖民時期興建的第一區，以及更現代但同樣殘酷的第二區。你如果住過這裡，會知道這兩區被稱為「一號監獄」和「二號監獄」。這兩區的正式名稱都是布里斯本監獄，但大家都叫它「伯格」。所謂的「大家」包括囚犯、警察，甚至管理這個地方的獄警，而我們叫獄警「螺絲」。

為什麼叫他們螺絲？這是一個非常古老的俚語，因為以前的獄警為了鎖上大門而轉動某種螺絲，加上他們總是用各式各樣的方式「惡整」（screw）囚犯。

囚車開進中庭裡停下。我們聽見身後的柵門再次關閉發出的吱嘎聲，然後囚車被解鎖，我們一一下車。我們依照指示站在一條畫在這條封閉道路上的黃線上，進行點名。

一名獄警站在我們面前，依照名單唱名。叫到你的名字時，你應該說聲「長官！」並敬禮。我等著被叫到的時候，我右邊的囚犯（也是個菜鳥）決定把在車上聽聞的第一條監獄守則當作福音。他突然朝附近一個塊頭最大的傢伙揮拳。

不幸的是，被他盯上的這個大塊頭是個獄警，身高約一百九十公分，體重至少有一百二十公斤。不過這一拳打得快狠準，巨型獄警應聲倒地。

螺絲們從四面八方跑來，跳到出拳的人身上，用警棍圍毆他。

我怕被拖入混戰，想拉開距離，但我左邊的犯人一把抓住我的手腕。

「別動。」他嘶聲道。

我乖乖照做，我倆站著不動，看著螺絲們用警棍毆打、用靴子猛踹地上的傢伙，直到他失去知覺。他停止抽搐，隨即被拖走後，我們這些人只能站在一旁，看著地上的血跡，思索剛剛發生的事。

我轉身感謝我的新朋友，他一臉嚴肅看著我，告訴我監獄是危險的地方，尤其對我這種年輕的菜鳥而言，並警告我在接受別人的幫助時務必小心，因為只要接受幫助就會欠下人情債。

我點點頭，說我會接受他的建議。

「你這小子很聰明！」他微笑道：「那麼，把你的鞋子給我。」

我嚇一跳，低頭看自己的腳。我穿著一雙滿不錯的沙灘鞋。我喜歡這雙鞋子，但從沒想到會被奪走，或成為任何人想偷的東西。但對我來說，這時的我沒有多少選擇。這傢伙大概無論如何都會把這雙鞋從我身上弄下來，而在這塊柏油路上灑下更多血，也不會有幫助。

我脫鞋的同時試著爭辯。「這雙鞋你根本穿不下，我是十一號，」我抗議：「你看起來像十三號。」

他露齒而笑，說不是給自己穿，而是想送給一個女性朋友。說完，他拎著我的鞋子走向他所屬的獄區，而我不禁好奇，他在這座最高戒備男子監獄裡的「女性朋友」究竟是什麼意思。

你有沒有做過這種噩夢：你第一天上學，或是第一天去新公司報到，卻意識到自己忘了穿衣服？這就是我沒穿鞋、站在伯格監獄的滾燙柏油地面上的感覺，我不知道要怎樣熬過接下來的幾個月。

獄警問我的姓名和出生日期時，我感到脆弱不堪。他勾選我的名字後，叫我沿著黃線前往接待處。我在那裡登記，脫衣搜查違禁品，然後被指示去洗澡，領取囚服。

我在領取囚服時注意到，在櫃檯後面工作的人不是獄警，而是囚犯。獄友在這裡處理基本的文書工作。這些傢伙的正式工作是確保我們穿著適當，非正式的工作是在這裡霸凌、恐嚇我們這些菜鳥。

他們交出衣服時，盯著長得好看的年輕囚犯，吹著色狼口哨，讓這些人知道自己有多賞心悅目，在淋浴間會多受歡迎。他們自認這麼做很有趣，對著彼此哈哈大笑。

輪到我拿衣服時，我盯著最常開玩笑的那個人的眼睛。他把我的囚服遞給我，說：「祝你在這裡過得愉快。」好像我要入住酒店。

我禮貌地謝過，轉身走向更衣室，但被他叫住。

「你沒穿鞋，走不了多遠的。來，這雙應該合你的腳。」

他丟給我一雙新鞋。我不知道他為什麼對我這麼親切。

載我們來的那輛囚車在早餐時間後離開，在終於被分配獄區和牢房的不久後，通知開飯的警笛響起。我們被護送來到主食堂。每個菜鳥都抬頭挺胸，一臉嚴肅地站著，盡量不和任何人有眼神接觸，以免被以為我們好像在乎任何人。

我知道肢體語言會洩漏自己對人們的反應。如果被伯格路監獄的惡霸和掠食者察覺到我在害怕，接下來幾個月就會很難受。雪上加霜的是，其實我心裡怕得要死。

看到一排排的囚犯，想不害怕都難。看到這麼多罪犯齊聚一堂，實在令人不知所措。我總覺得每個人的眼睛都轉來看著我。這其實不是我在疑神疑鬼，他們真的都在盯著我。事後看來，他們大概只是想知道將和哪些新囚犯一起生活，因為監獄裡沒多少新鮮事能化解無聊。但對我來說，當時的感覺就像在場每個硬漢都在評估我的能耐。

我拿起一個托盤，加入了沿著服務櫃檯慢慢移動的隊伍。我拿了食物，轉身打量食堂時，雙手劇烈顫抖，托盤上的餐具因此喀啦作響。

這是最恐怖的時刻：找個地方坐下。

監獄裡的人會自動隔離，食堂就像一張圖表，按種族和信仰把所有的集團和派系分隔開來。每張桌子都坐了十個來自某個部族團體的人。某一張桌子可能全是越南人，另一張則全是太平洋島原住民；這一張是澳洲土著，那一張是剃了光頭的白人至上主義者。這裡也有飛車黨之類的幫派分子，例如「獵人摩托車俱樂部」和「叛逆摩托車俱樂部」的成員在這裡分桌而坐。

我必須找個地方坐下。這他媽的要怎麼選？我不是幫派分子，也不想加入幫派。最後，我來到一張有空位的普通桌子旁。這裡有兩個大塊頭，其中一個臉上有淚珠紋身，另一個在光頭上紋滿蜘蛛網。我剛要坐下時，淚珠哥一派輕鬆地把手搭在空椅子的椅背上，一直盯著我，觀察我的反應。

我明白他在評估我是什麼樣的人和囚犯。我在這一刻的行為，將決定在獄中接下來的時間將如何被對待。

在我看來，我有幾個選擇。第一個是接受對方的態度，去別的地方找空位。但如果這麼做，我會表現出軟弱，表明我願意聽人指揮。我並不想傳達這種態度，尤其在監獄這種環境。

第二個選擇是叫淚珠哥挪開胳臂，好讓我在這張椅子上坐下。但如果他拒絕，我要麼和他幹架，要麼走開，結果還是被標記成弱者。

第三種選擇，是無視擺在上頭的胳臂，照樣把空椅子拉出來，剩下的聽天由命。我認為這麼做可能有害，因為其他囚犯可能會把這解讀成霸凌行為，結果害我被捲入更多衝突。

到最後，我選擇第三個。我拉開椅子，放下托盤，坐下來用餐。

「不能坐這兒。」淚珠哥瞪著我說。

「放輕鬆。」我瞪著他。「我吃完午飯就走人。」

淚珠哥抓住我的托盤，滑過桌面拉向他。經過緊繃的幾秒後，我把托盤拉回來。這樣來回拉扯幾次後，托盤上的食物全撒在桌上。每個人只能領一次餐，所以我的午飯沒了。但說真的，我這天因為焦慮嘔吐了很多次，其實並不需要吃東西。

一開始的那幾天，用餐時間真的令人很不自在。在第四天早上，我剛拿起早餐托盤，淚珠哥就來到我身旁，把托盤從我手上拍掉。

「好吧，」我準備戰鬥，「要打就放馬過來。」

淚珠哥揮揮雙手，要我冷靜下來。他解釋他是在幫我。我剛剛拿著的早餐裡其實裝滿了玻璃碎屑，本來是要安排讓另一名囚犯吃下。

這裡的早餐總是令人作嘔，要麼是放在吐司上的豆子，要麼是用粉末還原的炒蛋，但廚房裡的傢伙會故意「加料」，像是打手槍把精液射在食物裡，或是在食物裡混進玻璃碎屑。如果你湊巧跟一個被標記成惡整對象的囚犯一起領早餐，就有可能拿到為他準備的加料早餐。淚珠哥雖然不喜歡我，但也不想讓我吃下應該給別人吃的碎玻璃。

之後，我再也沒碰過炒蛋。我早餐只吃吐司。我向一些意圖威脅我就範，以及想在廁所裡強姦我的人清楚表明我不怯戰後，每個人都變得相當尊重我，也不介意我坐在食堂哪個位置。

監獄裡的規矩基本上跟外面一樣：不要碰不屬於你的東西，尊重他人的空間和處境，而且除了你的直覺之外，永遠不要用任何標準評判任何人。你如果跟隨直覺，大多數時候就不會覺得遭受威脅，就算只是坐下來吃午飯。

監獄裡的信使

牢裡最讓人難受的事情之一，就是一切都是例行公事。我從小就發現自己很難靜下來，所以一整天無所事事對我來說算是一種折磨。有些囚犯滿足於整天坐著，盯著牆壁發呆。我不行。我需要找點事情做，否則會發瘋。

過了一陣子，我熟悉監獄的地形後，得到了擔任「信使」的工作。這種工作只有監獄裡有。基本上，信使是指一個囚犯被允許在監獄裡自由走動，為監獄不同位置的囚犯傳遞訊息。這份工作不僅需要螺絲的許可，也需要獄友的高層頭目許可。也因此，這不是一份可以掉以輕心的工作。你如果搞砸，就會面對來自法律和罪犯的懲罰。

身為信使，我能在一號監獄和二號監獄之間來回穿梭，為朋友、兄弟、幫派成員之類的任何人傳遞訊息。人們會把訊息寫在小紙片上，然後我把它摺起來，藏在嘴裡。如果我被沒被買通的獄警攔下來搜查，就會吞下紙片。一開始，訊息來得又多又快。我從沒看過紙片上的內容，因為那不關我的事，我只高興終於有事可做。

這份工作讓我不受監獄束縛，也為我贏得獄中權力掮客的尊重。一旦信使贏得了囚犯和獄警的信賴，生活就遠比普通囚犯精采許多。

這也是寶貴的收入來源，因為獄中生活可不便宜。行為良好的囚犯可以選擇做一些卑微的工作，像是洗衣服之類的，可是薪水低得可憐。諷刺的是，「犯罪」是讓日子變得舒適的唯一途徑。

一週當中最忙碌的一天，永遠是「採買日」，囚犯們這時能從監獄商店裡買到咖啡、茶、餅乾、香菸和其他物品。你的親友可以在你的商店帳戶裡存入一點錢。

一九八〇年代的囚犯能拿到免費的菸草——每兩星期一次，兩個橘色小袋裝的「旗艦牌」菸草，袋子上是「奮進號」太空梭的圖片。店裡則販售普通的香菸。

我很快就了解，如果買得到那些香菸，尤其是溫菲爾德或萬寶路，這對很多人來說就跟黃金一樣寶貴。我幾乎能用菸換到任何東西。

採買日也是大多數的債務清償日。對膽小鬼來說，這天是被勒索的日子。我很快就學會該訂購什麼、何時訂購、如何訂購，而且不向任何人透露我的財務狀況。如果人們知道你有錢，就會有個比你更冷血又可怕的人向你提議，要你支付保護費，不然就等著被打之後被強姦，強姦完之後再被打一次。

我雖然沒什麼錢，但透過在牢裡的工作，賺到的錢足夠我買下能用上兩星期的茶或咖啡。我確保不欠債，因為我親眼目睹那些沒還債的人有什麼下場。

當然，在我入獄期間，我傳遞的「訊息」通常不僅是聖誕問候或午餐邀約。運送違禁品是這份工作很重要的一部分。

一號監獄的某人會走到我面前，從嘴裡把某個東西吐到我手裡。「把這交給二號監獄的吉米。」

就是這樣。我必須把東西放進嘴裡，如果被抓住就必須吞下，不管是什麼。然後我會小跑去另一個獄區，吉米會在那裡等我——天曉得他怎麼會事先知道要等我——我會把東西吐到他手裡。然後他會吞下這個東西，嗨得飄飄欲仙。

這種東西主要是藥片，但有一半是液體，裝在小塑膠包裡。LSD、可待因、快速丸，有時候是海洛因，還有各式各樣的合成替代品。

我有幾次被獄警攔下，因此被迫吞下嘴裡的東西。但我當時不知道的是，你必須為自己吞下的任何東西付出代價。

我第一次不得不回到僱用我的人那裡，讓他知道我被獄警攔下時，他說：「好吧，那你欠我了，不是嗎？」

「我能怎麼還？」我抱怨：「我除了別人的鞋子之外一無所有。」

「那麼，把你的鞋子給我，不然就給我一罐美祿。不管你有什麼，都得償還。」

「好吧。」

這意味著我必須跑更多單，才能償還上一次欠下的債務。我用賺來的東西慢慢換取更好的東西，像是用一罐美祿換取一包菸，再用菸換到一本色情雜誌，直到累積了一套複雜的監獄貨幣組合。

這點很幸運，因為我走進伯格路監獄的時候，其實在外面欠了一大筆債。在獄中某一天，我遇到了老友麥提，黃金海岸那個毒販，我之前摔爛了他的摩托車。他因為嚴重的暴力犯罪進了伯格，見到我時並不高興。我憑著三寸不爛之舌，加上一些吸引他的金錢，才重獲他的好感，而信使身分在這方面肯定有幫助。

後來，我當然被大家稱作「什麼都能幫你弄到的男人」。我只想低調坐牢，每個人卻都對我喊道：「噢，嘿，嗶嗶鳥來了。小傢伙，你要上哪去啊？」

我只對他們揮手打招呼，小跑去找收件人，嘴裡塞滿了馬用鎮靜劑之類的藥物。

我偶爾會被迫吞下包裹，結果嗨得跟風箏一樣高，有次直接倒在獄區的中央地帶，一個螺絲必須把我從地板上抬起來。

「你怎麼了？」他質問：「你在做什麼？」

「我只是……你知道的……在享受。」我笑道。

「享受什麼？」

「噢，你知道的，我只是在享受……天氣。」

「你他媽的瘋了。」獄警搖頭，放開我。「快滾吧。」

獄警當然知道是怎麼回事，不然你以為那些違禁品一開始是怎麼進監獄的？但你永遠不知道哪個獄警參與其中，哪個沒有。也因此，這是一項危險的工作。你如果被錯誤的獄警抓到走私小包毒品，你的刑期就會突然又增加幾年。

可是我樂在其中。這份工作就是有這種好處，因為我在牢裡沒有任何其他能利用的資產。沒錯，我是能打架，但總有人比你更強，或願意出比你更下三濫的手段。

信使在監獄裡是一份好工作，但我很容易自鳴得意，所以決定收手。

我找到了值班的監獄長，跟他說我送信的日子結束了，就算如此，我還是必須獲得獄友高層頭目的首肯，也就是吉米。吉米個子高大，肌肉發達，沉默寡言，這種平靜姿態讓我知道我在和一個真正危險的人打交道。如果一個人在監獄裡不需要表現得強悍，你就知道最好別得罪他。

我走近吉米，告訴他我不想再當信使。他聽了我的說詞，思索片刻，然後建議我把這星期的工作做完。他非常有說服力。我做出決定：再當一星期的信使確實是好主意。

越獄

你如果在監獄這種地方待得越久，各式各樣的界線會變得越模糊。通過緊繃對峙、消耗戰和得來不易的尊重，囚犯和獄警學會了攜手合作。而螺絲和獄友之間的區別，偶爾會變得模糊。

囚犯來自幫派，而幫派來自階級制度。他們發展出被社會接受的複雜行為模式，老前輩負責維持和平，解決衝動年輕人之間的爭端。

獄警也形成了自己的傳統和可接受的行為準則。換作其他世界，這類準則大多會被認為是不道德的，而在監獄這種幾乎不受管制的地方，這類準則一定是非法的。

我知道某個螺絲在這世上最喜歡的事就是監獄暴動，因為這讓他有藉口拿出霰彈槍。我有次在無意中聽到他向另一個獄警解釋，冷血射殺暴徒的訣竅，是瞄准目標的腳的正前方。如此一來，你就能用彈跳的彈丸擊中暴徒的腿，並合理聲稱這是一次警告射擊。

別忘了，監獄裡到處都是違禁品：毒品、武器，現在這個時代的手機也是。在伯格路監獄這種最高戒備機構，每次探訪都有人監督，外加免費脫衣搜身，也因此，流入監獄的大量非法物品，必定是經過獄警的默許。他們藉此賺到可觀利潤來補貼工資，囚犯則得到了需要的東西。一個囚犯越是有影響力，就能安排更多東西走私進監獄。

我在伯格路監獄服刑時，外號「馬兒」的搶匪韋恩．萊恩湊巧也在這裡。萊恩因為一連串持械搶銀行而服刑十一年。他之所以被稱作「馬兒」，是因為他在一年前裝扮成信使，成功逃出了伯格路監獄。現在他又回到牢裡，但他的惡名使他成了監獄名人，而且不少螺絲都願意聆聽他的請求。

有一天，我在監獄健身房裡運動。伊凡是一個我挺熟悉的奇異果（譯注：「奇異果」是澳洲人對紐西蘭人的暱稱），平時偶爾會跟我一起在這裡健身，這時來到我面前。

「老兄，你有兩個選擇。你可以跑出去，別回頭，不然也可以趴在地上，別插手。」

「夥計，」我回話：「你他媽的究竟在說什麼？」

他握了我的手，說他向來喜歡我，叫我多保重。然後他走向監獄洗衣房，就在健身房附近。

我一頭霧水，搞不懂他究竟在說什麼。我環顧四周，看不出哪裡不尋常，接著把頭探向門外，確認外頭也一樣正常——載送待洗衣物的卡車裝滿了髒床單和制服，幾個囚犯正在踩健身車。

我繼續鍛鍊，確信奇異果在監獄生活的壓力下終於崩潰，剛剛在胡言亂語。但幾秒後，我趴在地板上，雙手摀著腦袋。監獄裡槍聲四起。

警報大作，我聽見走廊有喊叫聲，然後是獄警衝向洗衣房時靴子發出的低沉隆隆聲。然後我聽到洗衣車啟動的轟鳴聲，幾秒後是金屬撞擊金屬的震耳巨響。我站起身，健身房裡每個人都瞪大眼睛，面面相覷。**這他媽的怎麼回事？**

我打算探頭出去查看，但一名舉著大型塑膠防暴盾牌和手槍的獄警出現，命令我們趴在地上。

我們在獄警看守下繼續等候，直到槍聲停止，最後警報也平息。

在廚房工作的一名囚犯探頭進健身房，我問他發生了什麼事。

「馬兒跑了。」他微笑道。

原來，韋恩．萊恩和其他七人用手槍劫持了洗衣車，把它當成攻城槌，衝出了監獄大門。這在隔天成了各大報紙上的頭條新聞，讓獄方非常尷尬。

逃獄事件發生後，所有囚犯都被關在自己的牢房裡，很多人被質問對逃亡計畫有多少了解。我認為大家對此都一無所知。把槍弄進牢裡，只有一種可能：有內賊——有獄警幫忙。就我們所知，有個獄警要求知道韋恩．萊恩從哪弄來的槍，而槍其實就是這個獄警帶來的。

人人都有價格，而對於大多數的螺絲來說，這個價格相當低。只要給正確的獄警正確的金額，他們幾乎對任何事都會睜一隻眼閉一隻眼。大多數獄警都非常樂意在合適的時間點故意離開崗位，尤其如果兩個囚犯之間有帳要算。

獄中攻擊令：岩蜘蛛

暴力占據監獄生活很大一部分。獄警會因為囚犯最輕微的挑釁而出手打人，殺雞儆猴。其他獄友會用拳頭、小刀或其他簡易武器來追殺你，這些自製武器令人毛骨悚然，你不知道該害怕還是該佩服他們的聰明才智。

在厲害的囚犯手上，一把簡單的牙刷也可能致命——囚犯會花費無數小時在水泥地板上摩擦牙刷握柄，將它磨成小刀。只要用刮鬍刀片和膠帶，就能做出一把小斧頭，足以在經過某人身旁時悄悄割開對方的喉嚨。

監獄向我展示了一些令人髮指的暴行，有些甚至不需要加害者親自對受害者動手。從酒杯底部削下的玻璃屑除了能混進某人的炒蛋裡，也可能放進受害者的牙膏中。他們會把刮鬍刀片藏在塊狀肥皂裡，等到你抹肥皂時才會知道。

這些招數最常拿來對付對因侵害兒童而入獄的囚犯。被其他囚犯稱作「岩蜘蛛」的戀童癖尤其容易被盯上，在監獄階級中地位也最低。

在某個潮濕的颳風日，我在採買櫃檯排隊時，注意到八名囚犯被八名獄警從監獄某區押送去另一區。我心想，看來這些傢伙一定很危險，我最好保持距離，但就在這時，監獄突然爆發混亂。各個休息區裡的囚犯紛紛站起，大聲辱罵並威脅這些正在被轉移的囚犯，獄警則在這八名囚犯周圍形成一道防護圈。

我問排在我前面的那個人，這是怎麼回事。

「岩蜘蛛，」他用不屑的口氣說道：「人渣中的人渣，戀童癖。」

我氣得殺紅了眼，當年的我很難控制自己對戀童癖的憤怒。而獄方確實認為這些囚犯有安全隱患，他們如果跟一般人關在一起，就會處在危險之中。戀童癖和貪腐警察經常成為私刑的目標。

而這次，其中一人既是戀童癖也是貪腐警察。

在一九八〇年代，暱稱「大衛警官」的大衛．摩爾在布里斯本警察局的公共關係科工作。他會上一些很受歡迎的兒童電視節目，像是《超級星期六》和《袋熊》，我記得他曾和人偶阿古羅同臺登場，警告孩子提防陌生人。後來，他被發現持有兒童色情刊物，並因為跟一名十六歲男孩發生性關係而被判入獄。

巧的是，我隔著獄區看到大衛警官的幾天後，被安排跟他住同一間牢房。因為我當時只有十七歲，所以被關在二號監獄，這裡的警力更多，特別受保護的囚犯就是關押在此。

我被叫去接待區。來到這裡後，我被告知坐下來，等人叫我的名字。我旁邊坐著另一名囚犯，面無表情地發呆。他低聲開口說話，眼睛沒看我。

「夥計，喂，就是你。你知不知道坐在那邊那個人是誰？」

「不知道，不在乎。」

「他就是那個條子。你知道的，上過兒童節目那個，跟小孩子一起玩的那個條子。」

我明白這是怎麼回事。有人安排我接近大衛警官，想刺激我揍他。這種事在伯格路監獄經常發生。如我先前說的，只要賄賂獄警或透過人脈，就能讓一名囚犯有機會攻擊另一個囚犯。因為我就在監獄的這一區，也因為我毫不掩飾對戀童癖的憎恨，所以有人安排我「照顧」這個人。

地位更高的某人想要你毆打某個傢伙時，通常會提供一些獎勵，像是現金、毒品，甚至只是獄中商店賣的東西。我見過有人因為一罐美祿而被打成豬頭，這就是這裡的日常。

而你如果拒絕打人，也會有後果。我認識的某個硬漢因為奉行和平主義，拒絕執行獄中攻擊令，結果遭到報復，慘遭輪姦。

但說真的，我願意免費追殺這個該死的戀童癖警察。他在電視上警告孩子不要和陌生人說話，但其實自己也在侵犯孩子。

我看著坐在我旁邊的囚犯。他面露微笑，對我點頭。也不知道為什麼，就是這個微笑驅使我採取行動。如果他沒笑，我根本不會出手。

大衛警官頭部挨了一記肘擊，應聲倒地。我只來得及再出手一次就被螺絲們拉開，但相信我，那一擊打得非常給力。我被獄警拖走的時候，指出大衛警官身分的那名囚犯哈哈大笑。

「老兄！你現在在乎了，是吧！」他朝我喊道。

他的笑聲一直飄到螺絲帶我去的房間。他們把我打得很慘，用警棍打得我倒地，把我圍毆一番，直到遍體鱗傷。

不過螺絲刻意避免打斷我的骨頭，因為他們要我在大致安好的狀態下面對接下來的日子。

他們把我拖去禁閉室。

第十七章　獵人摩托車俱樂部

二〇一八年末，我接到了新南威爾斯州北部一名女士的來電。她是看護，負責照顧一位來日無多的先生，而她從克莉絲莉汀葬禮上一位哀悼者那裡聽說了我，我在那場葬禮上為克莉絲汀坦承了她對摯友的愛。

這名女士說她照顧的病人名叫羅德，已重病許久，原本一直很痛苦，但跟他說了我的事之後，心情好轉許多。她告訴我羅德有一些遺憾，既然他在世上的時日已不多，有一、兩件重要的事想要處理一下。

「了解。」我問那位先生想在哪見我，這位看護進一步補充說明。

「你……」她問我：「對飛車黨了解多少？」

斷背飛車黨

獵人摩托車俱樂部，是有半世紀歷史的老式非法機車俱樂部，成員高達兩千，在澳洲各地都有分會。就算你不知道獵人，大概也在新聞上看過他們，像是在機場鬧事，或因毒品、襲擊、持械罪名而被律師包圍。

獵人很少接受媒體採訪，就算有，也會堅持表示他們只是一群喜歡重型機車，一起出去玩，享受美好事物的大塊頭。

但警察可不這麼認為。幾十年來，警方一直在追捕獵人，聲稱他們是複雜的犯罪組織，而且是各種令人髮指的非法行為幕後黑手。而位於黃金海岸的獵人分會，長年來一直是執法單位的眼中釘。

為了瓦解這個組織，澳洲各地的地方政府在這幾十年裡設法通過一系列嚴苛的法律，其中最極端的是昆士蘭在二〇一六年頒布的「飛車黨禁令」，是全球第一個限制飛車黨聚會、禁止公開展示機車俱樂部顏色、禁止俱樂部成員開辦特定生意的法令，且對飛車黨相關的犯罪處以重刑。

這些法律在昆士蘭生效時，許多獵人成員被迫離開該州，其中之一就是我的新客戶羅德，他是經過宣誓、身穿獵人色彩的獵人成員，騎著哈雷機車，隸屬黃金海岸的獵人分會。

這些日子，羅德獨自住在一座小鎮的偏僻地帶，回想這輩子最美好的日子。他的時間所剩無幾，他的獵人兄弟在州界的另一頭，他曾發誓終生效忠他們。

我坐上車，開往新南威爾斯州，離我住的黃金海岸不到一小時車程。我穿越了羅德無法跨越的無形邊界。

抵達被告知的地址時，我腳下的道路已經從水泥變為碎石再變成塵土。這條老舊的泥土路通往一片土地，這個地方相當不起眼，只有一座破舊棚屋和幾輛露營車，旁邊是幾張露營椅和幾個營火坑，從少許的生活跡象可判定這裡的主人出於某些原因無法適應正常社會。

棚屋由擋風板和鐵桿搭建而成，前方有門廊，有個大胖子坐在那裡。他看到我就揮手要我過去，所以我把車停好，徒步走過泥土路，向他打招呼。我走近時，他沒站起來，只是揮手要我靠近他，好讓我聽到他說的話。

「我得了『舞者傑克』，」他有氣無力地說道，「狀況不好。」

舞者傑克（Jack Dancer）。癌症（Cancer）。原來如此，我心想。

在近距離下，羅德是個看起來很嚇人的傢伙：一個十足的飛車黨，紋身爬過整隻胳臂，消失在領口下的頸部。他每一根手指都戴著厚實的銀戒，脖子上掛著粗鏈，指關節上有疤痕。以任何人的標準來說，他都是大塊頭，我原本以為他聲如洪鐘，但他的嗓音如此輕柔，我不得不請他重複幾次，俯身仔細聆聽他的故事。

他告訴我，他快死了，沒剩多少時日；他做了化療、放療，嘗試了所有療法，但都只讓他病得更重。他這兩年病得像條狗，而現在他準備好要離開這個世界。

人在病重時，只想一死了之，擺脫病痛和沮喪，不想成為親友的負擔。羅德最大的遺憾之一，是如果當初不接受任何治療，試著與病痛共存，最後這幾年其實會過得更快樂。

他的看護，也就是當初打電話請我來一趟的女子，從棚屋裡出來自我介紹。她很美，是新南威爾斯州邊境地區少數的年輕人。她是嬉皮，喜歡自給自足，遠離城市喧囂，跟蝴蝶和蜜蜂一起生活。現在，她照顧即將離世的羅德。

我跟羅德聊天時，她幫我們倒了茶。坐定後，羅德開始談正事。

他告訴我，他想和他的哈雷機車一起安葬，而且想僱一個能信任的人來確保這件事成真。我向他保證我做得到，並問他還有什麼心願。

「其實，」他說：「我是同性戀。你也許相信，也許不信，我不在乎你怎麼想。我只想知道，你在我走了之後願意為我做什麼。」

他要我介入他的葬禮，向他的朋友和熟人透露他是同性戀。他是雙性戀，多年來和許多女人有過往來，但他的整個成年生活其實對男性更傾心。

總之，在他生命的最後幾年，他和某個男人有著親密又恩愛的關係，卻一直沒辦法告訴機車俱樂部的其他兄弟。這就是他的主要請求：要我介入一場聚集著悲傷情緒、可能全副武裝的飛車黨葬禮，而且告訴他們，即將被埋進地底的兄弟其實一輩子都是基佬。

「行，老兄，」我說：「沒問題，我能搞定。」

我告訴他這要花多少錢，也說明我不願意做什麼——他有一長串想解決的要求和遺憾。例如，某個敵對分會的成員跟他有仇，他想解決私人恩怨。這人以前偷了他的重機零件，他希望我為這件事跟那人對峙。

我跟他說不行，並解釋我有自己的規則。基本上，我能幫他寫下他人生故事的最終章。如果我為了解決他說的那種爛事而擾亂葬禮，為了舊怨引發新的鬥爭，我只會讓自己成了討厭鬼，成為那種唯恐天下不亂的白痴。

羅德一臉震驚。「你這話他媽的是什麼意思？」他質問：「你沒資格跟我說，我在自己的葬禮上能做什麼，不能做什麼。」

「我他媽的當然有資格，我就是做這一行的。我才是棺材告白者，你是到時候躺在地底下的傢伙。你如果不喜歡我的規則，那就不用合作了。」

我起身要走。他發出笑聲，那有氣無力的咯笑，充滿呼吸聲。

他說：「了解，沒關係、沒關係——坐下。」

這只是談判的一部分。對付任何硬漢都是這樣，為了測試你的性格，一開始總是有些脣槍舌戰，這是為了贏得彼此信任所需的尊重。

羅德不希望我是性格軟弱、無法幫他兌現承諾的人，所以稍微激怒我，這只是一種測試，想確認我有沒有膽量完成他的心願。

我很清楚，他要不是已經一腳跨進鬼門關，其實會自己處理。我看得出來，這個人見識過很瘋狂的事情，並在盛年時參與一些非常暴力的行為。從外表來看，他基本上就是你想像中的那種非法飛車黨。但與此同時，他也有很多令我出乎意料之處，例如他很世故、受過良好教育，而且經常旅行。

羅德所屬的那種黑社會，有不一樣的規則。在那裡，一切都是透過不成文的暗語來傳達。我們那天談了很多，我對很多東西只是一知半解，像是分會、兄弟、飛車黨守則之類的。我透露了一些我知道的關於獵人的事情，羅德嚇一跳。

「你是怎麼知道的？」

「噢，我在伯格路監獄認識了一些獵人。我在那裡坐過牢。」

「聽你在放屁。」

「我跟查理．梅因和寇寇一起坐牢了一陣子。」

「我沒聽說過他們。他們是誰？」

「查理．梅因是伯格裡的獵人首領，寇寇是叛逆摩托車俱樂部的成員。」

「你常見到他們？」

「沒，已經好幾年沒見到了。」

「你知不知道他們已經死了？」他立刻承認剛剛說不認識他們是假話。「他倆都在十年前死於車禍。」

我搖頭。「我只有在伯格的時候見過他們。」

「是嗎？你在哪個獄區？」

「H獄區。我當時只是個孩子，所以是待在受保護囚犯的區域。」

「一號監獄還是二號監獄？」

「二號監獄。」

「噢，了解。那裡的淋浴間怎麼樣？」

這是陷阱題。二號監獄是伯格路監獄的殖民時期建築，非常老舊，所以沒有像樣的自來水系統，正如那裡沒有服務生伺候你。

羅德用的這招，我在擔任私家偵探時也常用。當我在質問某人，且懷疑他們可能說謊時，常常會向他們投出一記曲球，問起根本不存在的某人或某事。我會問起戴維．羅素這個人，但這其實是我瞎掰的名字，而如果嫌疑人開始滔滔不絕說著戴維．羅素是多棒的傢伙，我就會知道這個人滿嘴鬼話。我會讓對方繼續鬼扯淡，但我已經知道這個人不值得信賴。

如果是這樣，我就會一走了之，拒絕接下工作。我猜羅德也採取了類似技巧。

「不，」我告訴他：「二號監獄沒有自來水。那裡跟糞坑沒兩樣。」

「我操！你真的待過那裡嗎！」

「嗯，我他媽的剛剛已經說過了。」

我開始覺得不耐煩。我來這裡是為了幫助羅德為人生畫下圓滿句點，不是來向他訴說我的人生故事。而且，相信我，不會有多少人想特別記住伯格路監獄那種地方。

羅德跟我只談了四十五分鐘，就當場敲定了交易。他叫看護拿來電腦，我們立刻開始處理文書工作。接著他走進棚屋，從動作看來顯然渾身劇痛。他回來後，把一萬塊錢放在我手上，是現金。

看到我開始數鈔票，他的眼睛瞪大得差點脫窗。

「你是認真的嗎？媽的，居然這麼不相信我？」

「夥計，我誰也不相信。」

「那我要怎麼相信你？」

「我他媽才不在乎你信不信我，我要麼會履行承諾，要麼不會。如果我違背諾言，反正咱倆都會去同一個地方。」如果有來世，我最不想看到的，就是冥界大門前有個魁梧又火大的飛車黨鬼魂，拿著鐵鏈等著我。

「也許你說得對，」他說：「我如果少點信任，就不會把我最後一點時間浪費在那些沒用的治療上，只是害我更難受。」

「這個嘛，活到老學到老。」我說。

「免了，我已經是行屍走肉，不用再學什麼了。」

「好吧，這倒也是事實。」

我們握了手，這場談話到此為止。

我開車回家，把錢放在副駕駛座上。一萬塊錢，就在我手上。我一有時間就把錢存進銀行，並通知了我的會計師。我不想知道羅德的錢從哪來，但我需要一份書面紀錄，這樣就能確保我做好一切法律保障。把這筆錢直接收入囊中是很容易，但對我來說，重要的是在道德和法律上都得光明正大。一個垂死之人信任我，所以我絕不能搞砸任何事。

現在唯一要做的，就是執行客戶的願望，而且避免一群飛車黨因為朋友的祕密生活惹他們不高興而決定殺了我。

和哈雷機車一起下葬

我們見面不久後，羅德去世了，雖然之後我們通過幾次電話，但我再也沒見過他。他的葬禮其實還挺好玩的。當然，場面是有點嚇人，但對我來說，最糟不過就是打一架，而我對此向來樂在其中。

和往常一樣，最令我擔心的是穿什麼衣服。跟第一次做棺材告白者時相比，我現在已經適應許多，但這場葬禮的著裝要求是什麼？畢竟大多數悼念者會是穿著俱樂部代表色和皮革背心的飛車黨。

最後，我認為平時那套制服就行了：襯衫和背心，但不穿西裝外套，也不打領帶。這是很莊重的穿著，我猜飛車黨應該都穿背心，所以我算是有點融入他們，雖然我穿的是量身訂做的精緻背心，不是皮革。此外，如果出了差錯，這種穿著也方便我揮拳。

我抵達現場時，確實在其他悼念者中脫穎而出。人們對我的出現有點困惑。**這傢伙是誰啊？**他們問起我是誰時，我一直含糊其辭，只嘀咕說我是羅德的老同事之類的。這方面我沒撒謊——他的錢在那一刻就在我的銀行帳戶裡。

儀式就在墳墓邊舉行，所有椅子就擺在墳墓旁，是給直系親屬坐的地方。但這時候，沒人坐在這裡，所有椅子都沒人，只放著一束束鮮花。現場有幾個女性朋友，不只是一、兩個，而是一大群曾經跟羅德有過關係的女人。

我不知道這是怎麼回事，為什麼椅子是空的，但我猜羅德真正的家人是他在獵人幫會中的兄弟。

他的所有分會成員都在場，連同來此表達敬意的其他分會成員。

非法機車俱樂部都有錯綜複雜的規矩，像是怎樣佩戴徽章才正確又表示尊重，在其他分會成員面前該有什麼樣的言行舉止。他們有階級和正式頭銜，就像軍人一樣。而我在這裡如履薄冰，根本不懂這一切。

告別式開始後，我輕輕走到人群前方，自我介紹。

「打擾一下。我叫比爾．埃德加，是棺材告白者。你們接下來聽到的訊息，是來自你們的朋友和夥伴羅德，他請我代他朗讀。」

我把手伸進背心，拿出羅德給我的信。

「嗨，各位笨蛋。我死了，你們還活著。你們一定要好好享受還擁有的時間。死亡是非常令人害怕的冒險，而我接受這場冒險——說真的是沒得選。我現在沒什麼選擇，不是嗎？

「既然我走了，我有話要告訴你們。正如你們當中一些人在內心深處可能知道或懷疑的那樣：我是雙性戀。我愛上了一個男人，而那個男人現在就站在你們當中。」

我抬起頭——現場一陣騷動。有些人神情震驚，有些臉色不悅。

事已至此，我只能往前走，所以繼續朗讀。

「我知道你們都在東張西望，想知道他是誰。但除非他告訴你們，否則你們永遠不會知道。但我想讓他知道，我是全心全意愛著他。不，那個人不是大衛，他現在可能站在你們後面哈哈大笑，四處張望。你們不用再盯著大衛。」

「閉嘴，你這白癡，」一個看似凶狠的傢伙對我喊道：「誰准你來這裡放肆？」

可是另一名飛車黨成員走上前，說道：「不，你仔細聽，這是羅德的口氣沒錯。聽他說什麼，這聽起來就是他。他叫這傢伙來這裡，這個訊息的口氣就是他。」

原本有點嚇人的氣氛改變了，現在突然變得滑稽。其餘悼念者全神貫注，我唸完這封信的剩餘部分時，他們的反應變得非常正面：

「致那些關心我的人，我愛你們。致那些不關心我的人，咱們地獄見。我該拜訪過去的家人和朋友了，所以你們好好生活，安全騎車，忠於自己。我以前沒忠於自己，現在為此後悔。如果想記住我，就切記活著的時候不要留下遺憾。」

信唸完了。感覺好像羅德在死後獲得最後一次歡呼。他的訊息很重要——對他來說，他終於能出櫃，但對哀悼者來說也很重要。我們都明白人生短暫。羅德這個暴躁的混蛋說得沒錯。

告別式結束後，依據羅德的請求，他和他的車一起下葬，那是一輛美麗的哈雷「胖男孩」重機。嚴格來說，把車輛埋在昆士蘭是違法的，因為車裡含有會汙染地下水的潤滑油、汽油和化學物質。可是我已經答應了客戶，所以這輛車會埋進地底。

我在葬禮前找到幾個掘墓人，付了幾百塊錢，要他們在葬禮結束後才出現。其中一人是個頭髮徹底花白的老頭，他說這不是他第一次收到這種請求。

獵人們幫我把車推進墳墓，它將永遠躺在棺材上。接著每一位飛車黨成員輪流往墳墓裡鏟土，動作異常迅速，等到掘墓人來的時候，埋葬工作已經完成。羅德及其愛車一起入土為安。結束後我便離去。

一星期後，羅德的情人打電話給我。他是透過我的另一項業務「擺脫討債員」找到我的，說想感謝我沒說出他的身分。他覺得我提供的服務很美好、有趣又感人。

「等我的大限之日到來，我也會做同樣的事。」他說。

我們聊了一會兒，他變得非常激動。失去羅德對他來說很痛苦，而且他無法相信，他們多年來一直對最親近的人隱瞞對彼此的愛。

「我沒事，真的沒事，」他說：「不過，說真的，現在都已經二〇一八年了，你能相信我們還是必須活在恐懼之中嗎？」

他告訴我，他曾經想出櫃，和羅德一起公開生活，但一直沒找到方法。他真的很難過，因為他們就是不能公開在一起。據他說，羅德過生活的方式就跟騎車一樣，毫無恐懼，從不退縮——只在這件事上例外。

這可憐的傢伙在電話上對我哭，看來這件事真的令他難過。但令他欣慰的是，至少羅德在離世後還是能跟世人分享自己的這一面。

掛斷電話後，我坐在原處，思索了很長一段時間。這真的令人惋惜，簡直就像是《斷背山》那部電影，只是應該改名叫「斷背飛車黨」，或是「斷背黃金海岸」。當然，我為羅德和他的愛人感到難過，但也為所有仍然住在深櫃裡的傢伙感到難過，因為他們害怕周圍的人會有什麼反應。無論在社交場合還是我的私家偵探工作中，我都認識很多這樣的男人。男同性戀永遠保持低調，甚至為了隱瞞自己的性傾向而結婚，結果引發一整個「背叛循環」，他們不僅對跟自己結了婚的女人撒謊，也對自己撒謊。

人人都有祕密，多數人都帶著祕密進了墳墓。如今回想起來，我很慶幸羅德能分享他的祕密，和他一起下葬的是幫派兄弟的祝福，以及一輛帥到掉渣的重型機車。

第十八章　快逃啊

有其父必有其子

「關禁閉」可不是好時光。禁閉室被稱作「黑坑」是有原因的。

這是一種獨特的心理折磨：被關在小房間裡，無事可做，沒有人可說話，沒有任何形式的人際互動。人類是群居動物，可不是被設計成過著孤獨的生活。意志極堅定的人也許一開始幾天沒事，甚至可以撐過一星期，但終究也會崩潰。

一個人在那裡胡思亂想那麼久，絕非好事。尤其如果你和我一樣，腦子裡有很多麻煩事要想。

在我關禁閉期間，有個名叫帕提・歐康納的高階獄警接近我。他堪稱監獄機構的化身，是個魁梧又強悍的螺絲，說話帶著濃厚的愛爾蘭腔。他拉了把椅子，在我的囚室旁坐下，膝上放著摺得很整齊的一張紙。

「我認識你父親，比爾，」他告訴我：「我跟他很熟，非常熟。」

他把那張紙遞給我，我打開來看，一張跟我相似的臉龐從紙上的黑白相片裡瞪著我。這是我第一次看到我老爸的照片。

我知道我爸坐過牢，但不知道他來過伯格路監獄。在這一刻，我真的對他一無所知。我只知道自己還是嬰兒的時候，他在我的人生裡來來去去，後來徹底離開我，是在我大約三歲時。

我媽總是跟我說他死了。她恨他，也恨我，因為我繼承了他的名字。隨著我長大，模樣越來越像他，她也開始越來越討厭我。所以每次跟媽媽談起爸爸，向來不是什麼令人開心的經歷，我也很快學會打消這個念頭。

看著那張照片，我意識到自己見過他一次，在很久以前。我讀小學時，有天有個人出現在校園門外，看著我玩耍。那天下午我走路回家時，他把我叫去，跪下來仔細端詳我的臉，然後輕拍我的頭。

「乖乖聽你媽媽的話。」說完，他邁步離去。

那個人就是我爸。他當時大概快要進監獄了，認為再也不會見到我。

如果帕提沒給我看這張照片，我可能一輩子都不知道他是什麼模樣。

我們坐著聊了一會兒，帕提跟我說了關於我爸的一切。他是個著名的硬漢，最初在國王十字車站附近的夜店當保鑣，以拳擊手身分闖出名堂。他被稱作「愛爾蘭人」，是有名的左撇子拳擊手——他用放在前面的右手揮出快拳，而放在後面的左手等著揮出重砲。

他後來成了工會的打手，之後加入澳洲各地的黑幫犯罪活動，最後成了殺手。據說，他在「黃金海岸啤酒花園事件」中犯下敲詐勒索和重傷害罪，結果被關進伯格路監獄。

他在獄中成了最令人聞之色變的人物之一。帕提告訴我，我爸以前管理監獄這一區，確保愛爾蘭派系乖乖聽話，一切都公平進行，而且沒人敢亂說話。弱者受到保護，令人討厭的苦差事也獲得處理。

按照帕提的描述，我爸是個監獄傳奇。

「那就是你爸的牢房，就在那邊，二二〇二室。」他指向一段距離外的另一間牢房，和我被鎖在裡頭的這間一模一樣。

「你父親是個真正的紳士，他維持了這裡的秩序。」他說：「能不能幫我一個忙，比爾？」

「什麼忙？」

「別落得跟他一樣的下場。」

他起身離去，把照片留給我。

我深感羞愧。我知道大家都說「蘋果落地，離樹不遠」（譯注：這句俗語類似中文的「有其父必有其子」），但我真希望蘋果至少能滾得離隔壁那間牢房遠一點。如果這就是我樹立的榜樣，我能指望我兒子有什麼樣的人生？

✝

我在伯格路監獄那段期間，蘿拉一直有來探視我，通常會帶著我們的兒子。我下次見到她時，告訴她再也不要帶孩子來。我不希望他接近這個地方。

我不希望埃德加男丁三代都來到同一個監獄屋簷下。我覺得羞愧至極，難受得要死，無法形容跟兒子分開令我多麼難過。我被送進監牢時，他才八週大。就因為我犯了錯，我錯過了他生命中的前兩年。蘿拉幾乎是獨力撫養孩子。

我害她有這種經歷，真的令我顏面無光。我永遠搞不懂她為什麼還沒離開我。她每次來探望我，孩子都長大不少——而我對她做的這一切，真的令我心痛不已。

可是你猜怎麼著？這激勵我成為更好的人，把握人生，成為她能引以為傲的人。如果沒有蘿拉，我永遠不可能振作。她教我把所有的負面情緒——怨恨、傷痛、絕望、憤怒——轉化成積極的東西。這些情緒成為燃料，促使我自我約束，直到出獄。就算情況不順利，她也不許我放棄。

「比爾，你如果放棄自己，就等於放棄我們，」她來探訪時跟我說：「如果不順利，就拍掉身上的灰塵，給我爬起來。」

所以我未曾放棄——就是因為她。她真的很美。她是個不可思議的女人，一路陪著我度過在監獄裡的艱難時光，教我擺脫困境，繼續前進。我也必須這麼做。

走出會客室時，走在我兩邊的獄警也趁機戲謔我。

「這麼晚了，你老婆現在被困在布里斯本，沒辦法搭列車回家嘍，」其中一名獄警說：「也許我會好好照顧她，讓她度過一段美好時光。」

另一人附和：「我也會好好照顧那個小男孩，帶他去麥當勞，給他買個吉事漢堡，順便讓他娘吃吃我的老二。」

我聽了會怒火中燒，但蘿拉的忠告總是在我耳邊迴響，所以一笑置之。

這招有效，逐漸成了我的應對策略。我打算用這招在剩下的刑期中遠離麻煩。

沒繳停車罰單的人

然而，想在伯格路監獄這種地方遠離麻煩，絕非易事。你不找麻煩，麻煩也會找上你——如果有人知道你不想打架，也會故意找你打。終生監禁犯會毆打你再強姦你，偷你的晚飯，偷一根菸——純粹因為覺得無聊。

正因如此，不少人因為相對輕微的罪行入獄，卻為了保護自己而捲入激烈打鬥，結果刑期延長了數月或數年。賽門就是其中一例。

有一天，我在監獄的院子裡做日常運動，繞著橢圓形小圈來回踱步，充分利用少量的新鮮空氣和健身時間，這時來了一個新人。和往常一樣，我和院子裡每個人都悄悄打量他。

他看起來就像個普通人，不算令人望之生畏，但看起來也不弱。他也開始來回踱步，看了我一眼，打了個招呼，然後我們開始交談。

接下來的四十分鐘，在我們被叫回牢房之前，賽門向我描述了他的一生。他其實根本沒犯下什麼重罪，只是倒楣而已。他因為沒繳停車費和超速罰款而被捕，選擇服刑三個月代替還債。坐牢三個月對他來說似乎是最好的選擇，因為他沒有工作，但有妻小一起住在政府住宅裡，而且可能會被迫離開，因為他們積欠了許多房租。

在這一點上，我因為非常想念家人，所以很同情這可憐的傢伙。我決定照顧賽門，花了點時間教他應該坐在哪、避開誰。

更重要的是，我給了他一條我認為他會覺得非常受用的情報。我當時認識一些人，原本被判處三個月徒刑，卻只待了兩週，因為監獄人滿為患而被假釋。我認為這個消息會讓賽門感到安心，他也似乎開心許多。

當晚，賽門被叫到名字，帶出牢房，分配去另一個獄區，將在那裡完成三個月的刑期。但五個月後，我再次見到賽門。他變得比以前冰冷，眼神就像蹲過苦窯的人。我得知他刺傷了另一名獄友，後來被逮到持有毒品，刑期增加了六年。

多年後的某一天，早已出獄的我打開報紙，看到賽門再次因暴力犯罪又被判處六年徒刑。我想到在院子裡遇到的那個沒繳停車罰單的人，以及他可能再也見不到的家人，不禁覺得背脊發涼。

我在入獄期間，發現根本沒有「典型罪犯」這種東西。我遇到來自不同種族、信仰和國籍的人，當中有好人，有壞人，也有小人。有些人是普通人，像是水電工、建築工人、卡車司機，因為錯誤的決定和衰運而成了受害者。更不用說，有少數人只是在錯誤的時間出現在錯誤的地點。

其他則是十足的壞人，他們殘酷到會讓你做噩夢。

但根據我的經驗，無論來自什麼背景，大多數的囚犯在坐牢期間並不想惹是生非。監獄讓我遇到一些有良心、勇氣和自我價值的人。有些人一輩子再也不會犯罪，要麼因為真心為自己的罪行感到抱歉，不然就是被監獄嚇壞了。

透過慘痛教訓發現永遠有人比你更魁梧、強壯、敏捷、聰明，你就會明白「沉默是金」。監獄能成就你，也能毀掉你——有時這會發生在同一天裡。

但監獄能教你的也就這麼多。澳洲的司法制度存在重大缺陷，用「監禁」來解決複雜的社會問題，是很落伍的。監禁應該是最後的手段，卻常常成為頭號選擇。

我實在沒辦法推薦用「坐牢」這種方式來讓生活脫軌的人改過自新。救了我的是蘿拉的愛還有我的兒子。要不是因為他們，我會繼續在監獄裡當信使、打人，陷入永無止境的復仇、流血和一堆爛事。

有些原本能過上完美生活的人犯下重大錯誤，結果一輩子都在監獄裡度過，有些甚至活不到壽終正寢那一天。

別插手

預計出獄的一個月前，我從高度戒備的伯格路監獄，被移送去伍德福特監獄農場。那是個依賴「榮譽制度」的低度戒備設施，牢房經常敞開，可隨意進出，前提是你表現得體，且尊重獄警和其他囚犯。

你有機會在新鮮空氣和陽光下耕田種地，而這對在牢房裡待了那麼久的我來說堪稱奇蹟。就連其他囚犯也更好相處，在大多數情況下，只有不被認為會對自己或他人構成風險的人，才會被送來這座農場。這裡到處都是在多年前就擺脫暴戾之氣的資深囚犯，或是被認為會改邪歸正的年輕人。

其中一個當時大概十七歲，走進伍德福特的中庭。他是新人，顯然很害怕，所以認為必須教訓膽敢斜眼瞥他的人才能避免被欺負。看來有人教了他那個古老智慧：不想被人欺負，就必須先下手為強。不幸的是，在他踏入伍德福特的大門之前，他的背上就已經被畫上箭靶。

另一個囚犯和他一起來到農場。我早就聽說過這個人，他在獄中被認為是十足的精神變態。雖然他只有二十歲，卻已在監獄裡度過大半輩子。他是我見過最冷血凶惡的人物之一。據說，他因為謀殺兄弟姊妹而被判了兩個無期徒刑。聽說他是徒手殺了他們，然後帶父母去看他的成果，還問兩老是不是很高興現在只有他們三人。

我第一次聽說這個故事時，覺得真的很噁心，就算監獄裡到處都是令人作嘔的故事。

而現在，變態哥也來到這裡的中庭。沒人知道他怎麼有辦法來到伍德福特。他看著這個新來的小夥子，這孩子正在做每個菜鳥都會做的事：來回踱步，試著裝狠，思索自己的處境，要如何應付獄中生活。

變態哥漫步來到他身邊，開始在他身旁走動，從大門走到另一端的服務設施，就這樣不斷來回。這兩人像是在聊天，單純的閒聊，話說到一半時，變態哥突然一把鎖住小夥子的喉嚨，把他拖進廁所。有那麼一陣子，你能聽到他呼救，然後一陣令人作嘔的砰砰聲響徹整個庭院。小夥子沒再發出聲音。

我站起身，正要前往廁所，有人抓住我的胳臂，把我轉過來面對他。這是我認識的人，名叫伊恩，一個頭髮花白的老前輩，體型魁梧，滿身刺青，眼睛跟水泥一樣冰冷。

我很少跟伊恩說話，但他喜歡保持沉默，不和任何人說太多。我沒想到他會阻止我。我們面對面站了一會兒，彼此互瞪。他微微搖頭，叫我別插手。

我很生氣，叫伊恩滾開，讓我去幫忙，但他沒鬆開鐵鉗般的手。

「你不到一個月就能出獄，」他用非常輕的聲音說：「如果不想在這裡度過餘生，就回你的牢房去，比爾。」

說完，他放開我。我知道他說得對。

我回到牢房，一整天都悶悶不樂，思索著當時該怎麼做。

那天晚上，我聽到新來的孩子被送回他的牢房，就在我的正對面。那天晚上九點半左右，我聽到那間牢房裡傳來一聲尖叫，緊接著是呼吸困難的聲音和一連串巨響，聲音越來越弱，最後平息。我跳起來，敲打我的牢房門，大喊要獄警來處理。

很長時間都沒人回應，然後一個獄警沿走廊走來。警報聲突然大作，獄警從四面八方趕來。那孩子的牢房門被打開，我看到他們割斷繩索，把他的身體放下來。看來他用床單做成套索，上吊自殺。

我看著他們為他急救，一名獄警捶打他的胸口，另一人對他做人工呼吸，持續了幾分鐘，直到兩名獄警抬頭對視，其中一人搖搖頭。

他們用毯子蓋住遺體，大約十五分鐘後用擔架抬走。整座監獄的人都看著獄警抬著那可憐孩子的遺體，而就在這天稍早，他在監獄廁所裡被侵犯時，我們都袖手旁觀。

我轉過身，覺得噁心反胃，忍不住痛哭，這是我在監獄裡第一次哭泣。我被螺絲圍毆、被拖去禁閉室或遠離家人時，我都沒有哭。但我為這個小夥子哭，因為我沒救他。

隔天早上吃早餐時，食堂裡鴉雀無聲。每個人都默默用餐，還在想著昨晚的事。我們聽說那小夥子留下一張紙條，說他在被強姦後沒辦法面對自己。我坐在椅子上消化這個消息，沒碰早餐，這時強姦他的變態哥走進食堂。

「沒用的娘炮，」他宣布：「這世上到處都是這種人。」

他盯著現場每個人，然後坐下來平靜地吃飯，就像在酒店餐廳裡吃著高級早餐。

我怒不可遏，只想走到他身邊，在獄警制止之前盡可能給這傢伙苦頭吃。我把叉子緊緊握在拳頭裡，意識到自己的手在顫抖，我想像用叉子教訓變態哥，在他來得及反應前戳瞎他的眼睛，應該很容易。就在這時候，一段距離外的伊恩跟我對上視線，再度對我微微搖頭：別動手。

我冷靜下來，放下早餐，返回牢房。但我對此確實覺得心情惡劣。有些人就是擺脫不掉這種暴力循環。兩星期後，院子裡發生一些騷動，我看到伊恩打倒了變態哥，還把他拖進廁所。伊恩抬起頭，看到我投來的視線，臉上閃過一絲微笑。

一名獄警看到這一幕，故意移開視線。這名獄警知道我有看到他視而不見，於是露出微笑。「報應，」他開口：「就是這麼美妙。」

不再回來

我必須離開這個糞坑。我在出獄前的最後一段日子，覺得時間漫長得宛如永恆。我多半都待在健身房或監獄圖書館，儘管「圖書館」一詞不太符合事實——這裡狀況很糟，藏書都是《白鯨記》和《大亨小傳》之類的經典文學。書還少了大半的頁數，封面被撕毀，就連《聖經》也有幾頁被撕掉。你如果缺捲菸紙，書紙很適合代替。

話雖如此，這些書還是足以讓我練習閱讀，而慢慢地，我自學了一種能彌補閱讀障礙的方法。

我最後那幾星期都在閱讀，還有倒數日子，然後是倒數分鐘。然後，在某個星期天，就在我即將獲釋的前幾天，一名獄警來到院子喊我的名字。

「收拾東西吧，比爾小子！」他喊道：「你要提前回家了。」

我不敢相信我的好運，以前從沒聽說過有囚犯在星期天出獄。大多數囚犯都為我高興，雖然有幾個出於嫉妒說我在月底前就會被送回。

我收拾好東西，準備離開監獄時，伊恩走來。

「人生真的很短暫，比爾。」他伸來一手，我握了他的手。「好好把握人生，但別回牢裡把握。」

我又等了四小時才被放出來，因為我必須先被送回布里斯本的伯格路監獄，接受一些文書處理。一到伯格，我就得知自己提前獲釋的原因，而且不是什麼好消息：蘿拉的母親突然離開人世。他們是出於同情而提前釋放我，以便我能在蘿拉哀悼時陪伴她。

文書程序結束後，我被護送前往我第一次進入伯格的大鐵門。但在我走到鐵門前，一名囚犯向我扔來一雙鞋。

「這雙鞋不合我的腳！」他喊道：「這雙是十一號。」

我看著鞋子，意識到這是我的，就是我第一天入獄時被搶走的鞋子。我看著犯人，對他點點頭，脫下囚鞋，穿上我原本的鞋子。

我心臟狂跳，口乾舌燥，手心滿是汗水。我原本確信某事或某人會阻止我離開。

我注意到帕提．歐康納獄警朝我走來，但他只是來目送我離去。「以後別再用這種方式回來了，好嗎，比爾？」

然後監獄大門開始吱嘎作響，漸漸打開，揭露了對囚犯來說最美的景象：陽光。沒被監禁過的人，可能無法理解自由的陽光再次灑在臉上是什麼感覺。陽光在監獄裡是種奢侈品，我們只有在很短暫的放風時間能享受。我平時會站在監獄的院子裡，仰望監獄圍牆外的一小塊藍天，渴望自由。而我現在得到了陽光，布里斯本的豔陽湧過柵門，歡迎我回到外頭的世界。

帕提護送我走過大鐵門。我一來到大門的另一邊，就彎腰解開鞋帶，這是我在二十分鐘內第二次脫鞋。我把鞋子整齊地放在腳邊的地上，只穿著襪子走出監獄。

「你他媽的脫鞋做什麼，比爾？」帕提喊道。

「當初是這雙鞋子帶我來到這裡，」我喊話答覆，未曾回頭，「它們不會再帶我回來。」

時至今日，帕提的笑聲依然在我耳邊迴盪。

第十九章　遺憾這種滋味，我確實嘗過幾回

不上岸的人

想想「自由」這種東西。如果讓你選擇一個形象，一個象徵「自由」的標誌，你會選什麼？在一座無人礁石上玩衝浪板？騎著摩托車在公路上風馳電掣？「船」怎麼樣？世上沒幾個東西，能像擁有一艘船那樣表達「我很自由」。

當然，世事沒這麼簡單。自由是一把雙刃劍，能成就或毀掉人生，端看你如何運用。

一般來說，一個人如果住在船上，意味著兩種可能：一、你的人生很棒，你努力工作，投資得當，把辛苦賺來的錢花在休閒用品上。你用它來享受有朋友和家人陪伴的幸福退休生活，充分運用你的晚年。

二、你徹底搞砸了你的人生。

有一種老人之所以住在船上，純粹因為他把自己的人生搞得一團糟，沒有什麼人事物能讓他繼續留在陸地上。

傑克森就是後者。

他入院前，一直在破舊的三十八呎單桅帆船上過日子，停泊在昆士蘭農村一個小鎮的湖邊。他是那種生活中幾乎只有「祕密」的人，就像個隱士，而且可能需要逃離很多人事物。

我相信我很少遇過這種憾事纏身之人。他討厭這個小鎮，討厭鎮上的人，討厭陌生人，討厭我，最重要的是，他討厭自己。他是個真正苦悶的老頭，渾身上下只散發著厭惡。我每次見到一個人，就能立即看出這個人是不是所謂的「麻煩精」，而且我的第一印象很少有誤。我年輕時如果沒辦法迅速評估一個人，在街頭就沒辦法生存。

有些人專門在人身上尋找優點，相信即使是最壞的人也有可取之處。但我相反——我會豎起耳朵觀察一個人的負面跡象，一旦察覺，就會把所有注意力集中在這上面。

傑克森要我跟他疏遠許久的女兒聯繫。我不知道他做了什麼造成父女疏離，但不管是什麼，顯然不是好事。她對他恨之入骨，不想跟他有任何往來，也拒絕跟他說話。他已經讓她知道自己來日無多，但她根本不在乎。

至於這一切仇恨從何而來，雖然傑克森未曾對我坦承，但我懷疑他就是典型的那種有施虐傾向的垃圾父親。這種人在世上多得是。

我跟這個人見面時確實覺得不愉快。我離開時，對他的困境也不感到同情。但他的請求似乎無害：他想把財產留給他女兒，希望我由交給她。

他在這世上只有這艘船，連同裡頭的雜物。雖然這艘船肯定值不了多少錢，但他希望她擁有，我覺得這似乎很公平。

他遞給我一個信封，上頭寫著他女兒的名字「梅爾」，裡頭是船的所有權狀和他的遺囑。

我收下了費用，握了他的手，隨即離去。

傑克森在我們見面不久後就去世了，我開始執行他的遺願。

我輕易就找到了梅爾的電話號碼和電子郵件地址，連同她的住所和工作地點。首先，我試圖透過電話和電子郵件跟她聯繫，但我從她那裡得到的唯一答覆是一條簡訊：「別來煩我。」

我原本也確實樂意照做，但我在傑克森臨終時已經做出承諾，也一定會使命必達。

梅爾在昆士蘭北部一個旅遊小鎮定居。我訂了一家便宜又低調的汽車旅館，驅車二十個小時抵達，一到就倒在床上。

喚醒我的是升起的太陽，連同旅遊小鎮的配樂——海鷗和衝浪的聲響。我雖然有梅爾的住家地址，但如果可以，我實在不想去她家裡打擾。所以我決定試試運氣，開車去她工作的咖啡館。

我抵達時，早餐的尖峰人潮才剛結束。這是間可愛的小咖啡館，有點復古，有著一九八〇年代的裝潢和棋盤地板。我小時候在這類咖啡館度過無數個小時，利用這種地方來避開街頭，直到店員意識到我不打算付錢，把我踢出去。

現場有五名店員，四女一男。我找了個位子坐下，等人來幫我點單：滾燙拿鐵。如果這些女員工當中任何一個是傑克森的女兒，我也根本不可能透過外表得知，因為這些年輕女子跟我遇到的那個渾身瘤節的老人長得完全不像。工作人員都沒有佩戴名牌，只穿著印有咖啡館品牌的襯衫。

男員工端來我的咖啡時，我猜他一定有我需要的情報。

「夥計，梅爾今天沒上班？」我問他。

他抬頭看一眼。「她在啊，正在操作咖啡機，」他說：「可能是因為她戴著那頂蠢帽子，所以你沒認出她。」

我瞥向咖啡機，以及正在操作機器的女子。她戴著一頂俗豔的亮粉紅帽，所以我看不清楚她的臉孔。

「噢，的確，她在那兒。」我朝男員工微笑。「你說得沒錯，那頂帽子真的很蠢。謝謝你送來咖啡。」

我喝咖啡時，觀察了梅爾幾分鐘。我必須拿捏妥當，因為我只有一次機會。她年輕、金髮，跟人們友善互動，但我從她臉上一眼就看得出來，她經歷過苦日子。她的法令紋很深，代表她年紀輕輕就經歷過不少痛苦和辛勞工作。

她的昆士蘭口音濃厚又明顯，嗓音有點沙啞，但對客人彬彬有禮，談吐得體。說真的，她和船上那個脾氣暴躁的混蛋截然不同。

為了確認她的身分，我隱藏了手機的來電顯示，趁現場沒有客人，而且她有機會接聽時，給她打了電話。她把手伸進口袋，看了一下手機，發現未顯示來電號碼，於是又放回口袋裡。我這才確定她就是我在找的人。

我拿著咖啡站起，走向櫃檯。

「不好意思。」我開口。

「是的？」她低頭瞥向我手上的咖啡。「您的咖啡是不是有什麼問題？」

「咖啡很好，謝謝妳。」說完，我把信封放在櫃檯上，然後把咖啡杯放在上面。「祝妳有美好的一天。」

我的工作完成了，離去時未曾回頭。至於信封裡的東西是讓梅爾高興、難過，還是生氣，她是打開信封還是直接扔進垃圾桶，都不關我的事。我已經履行了傑克森的遺願，他現在能安息了。

我急著回家。我想念我的家人，卻還得開很久的車才能回到他們身邊。我不想再浪費一分一秒。我討厭離開他們這麼久。

第二十章　真正的人生

養家活口

我走出監獄時，知道自己永遠不會再走進監獄。我直接回到黃金海岸，蘿拉在我姊那裡投宿。我抵達時，看到她在沙發上睡覺，便躺在她旁邊，抱著她。看到我，她大吃一驚——當然是開心的那種，但她因為失去母親而徹底崩潰。

但蘿拉終於在我身邊了。我被監禁期間，她在精神上一直與我同在。她向來是我的磐石和力量泉源，但我們即將經歷一些新的挑戰，卻都還沒準備好。

我被關押期間，她和我們的兒子一直跟她父母住在一起，但以後沒辦法再這麼做了。我們正在盡最大努力建立一個家。我們搬去一座露營車營地，住在露營車上，但我們連這種租金也無力負擔，所以後來搬進了帳篷。

黃金海岸的工作機會十分少。沒有多少僱主樂意僱用一個沒受過教育、沒有工作經驗、剛出獄的青年。我因為識字不多也不會寫字，加上連身分證也沒有，所以沒辦法考駕照，很多勞力工作都無法應徵。

蘿拉和我做出決定：最好另外找個地方重新開始。我們把家當裝進她的車裡，一輛有著黑色塑膠車頂的白色達特桑180B，開車上路。我們決定前往一座叫作艾爾利海灘的城鎮，位於布里斯本和凱恩斯市之間，況且這輛達特桑實在太破舊，去不了更遠的地方。我們實在太窮，只能在當地的露營車公園搭帳篷住，這只比無家可歸好一點點，但即使這樣也難以維持。我們幾乎每星期都是勉強湊出現金，來支付營地費用。

當時真的很辛苦。大家都說婚姻有起有落，但當時的「落」絕對比「起」更多。我們盡了最大努力讓婚姻維繫下去，靠福利金勉強度日。付了房租後，我們只買得起麵包和牛奶，其他一律無力負擔。有時候，我們甚至連麵包和牛奶也買不起。

我記得我們在艾爾利海灘第一個聖誕節前夕的日子。一天早上，我們在當地的超市裡，發現手上的錢不夠買基本的生活雜貨。我們必須在「食物」和「兒子的尿布」之間選一個。我站在那裡，一隻手拿著一條麵包，另一隻手拿著一袋尿布，試著決定我們更需要哪一種。我們很難不注意到從旁經過的一輛輛滿載手推車，每個都裝滿聖誕火腿、蛋糕、布丁、水果和蔬菜。

我們的兒子拿起一條巧克力棒，在糖果區的走道跑來跑去。收音機傳來他喜歡的聖誕歌曲，他停下腳步，跟著音樂跳起舞。

這幅景象令我綻放微笑，但我轉向蘿拉時，看到她淚流滿面。她在我眼前崩潰，跪倒在地，用手摀嘴，壓抑抽泣聲。

我扶她起來，試著安慰她，但這麼做只是徒勞，因為她早已身心俱疲。我當時才剛出獄，她母親去世了，我們一貧如洗，連買個塑膠玩具給兒子當聖誕禮物都辦不到——甚至他手上的巧克力棒都買不起。

我們的兒子當時雖然才兩歲，但已經懂得察言觀色。他看到母親的狀態，立刻把巧克力棒扔在地上，走向我們，蘿拉把他緊緊擁進懷裡。他試著擦去蘿拉的眼淚，但越是努力，眼淚就流得越多。

過了一會兒，我們都冷靜下來，付了錢，回到帳篷。

我當時給自己的評價並不高，但我他媽的真的不知道該怎麼辦。我只知道我愛我的妻兒，會想辦法照顧他們。我向他們保證，以後再也不會挨餓，再也不會匱乏，日子一定會改變——也確實開始改變。

我去鎮上每個商家詢問工作機會，但什麼也沒找到。

我回到露營車營地時，才終於時來運轉。

營地前方有一群修路工人，在鋪了一半的道路上工作，他們坐在樹下，在日正當中的烈日下尋找遮蔭處。

我走近他們，詢問有沒有任何工作。

其中一人起身，他體型高大，肌肉發達，因為天天在大太陽下工作，膚色極深。

「你會不會用鏟子？」他問。

「當然會。」

「那好，那裡有把鏟子。」他指向一座堆積如山的碎石堆。「開始鏟。」

我得知用來鋪路的山貓牌鏟土機故障了，但他們需要在下一批碎石到達前先用掉這一批，大約是三小時後。

我把T恤纏在頭上，開始用鏟子幹活，直到入夜才收手。

工頭來見我時，看了我完成的工作一眼，悶哼一聲。他沒說「幹得好」，甚至沒問我叫什麼名字，只說了聲：「明早六點報到。」

隔天早上六點鐘，我準時出現，第三天、第四天也是。

第四天，工頭給了我一個塞滿鈔票的信封。

「我原本以為你不會來了。」他說。

「為什麼？」

「一般人頂多撐個一、兩天。天氣太熱，做不下去。」

「不，我不一樣。我有家庭，他們有資格過更好的日子。如果我就是得做這種工作，我也樂意。」

他瞇眼看著我。「你叫比爾對吧？」

「是的。」

「我叫麥克，不過別以為咱們是朋友。」

「我不需要朋友，麥克，我只需要一份工作。」

麥克聞言發笑，邁步離去。我繼續鏟石子，但他轉身回來，對我說：「今天做到這就夠了，比爾。幹得好。星期一見。」

所以我有了工作。信封裡有六百塊錢，麥克付了我整整一星期的工資，就算我只幹了四天的活。我以前從沒遇過這種慷慨，真令我難以置信。

我收拾好工具，回到露營車營地。蘿拉和孩子在泳池裡玩耍，我跳了進去，像個小孩一樣潑水。我們開心極了。

游完泳後，我們出門為兒子買禮物，然後去雞肉店買了急需的雞肉和薯條。老天，那真是我這輩子最棒的聖誕午餐。

我知道如果能在接下來的兩星期工作，賺到的錢就能給我們一家三口租一間小公寓，而我就是這麼做。我每週工作四或五天，鏟石頭和碎石，不久我們就從小公寓搬進了一棟漂亮的小房子。

我每天出門工作時，都會在當地的某間商店停下來，買個蘋果。我在回家的路上，會再進入這間商店，為蘿拉和我們的兒子買些點心。隨著時日經過，我跟店老闆喬諾成了朋友。他每天早上都會扔顆蘋果給我，然後在我回家的路上為我煮好一杯咖啡。

某一天，喬諾打破常規，在早上邀請我進去喝杯熱咖啡。我雖然已經在家裡喝過了，但出於禮貌，還是接受了邀請，打算盡快喝完。但他提出了令我驚喜的邀約：他的店需要幫手，我每週只需工作三天，但他會支付我一整週的工資。

我喜出望外——我這下能在室內工作，吹冷氣，所有新鮮食物任我吃。夫復何求？

✝

我為喬諾工作約一年後，他決定收掉店舖，想在自己的土地上多陪伴家人。

以前的我可能會認為這是一種挫折，但當時的我知道我有足夠的經驗來經營自己的商店。喬諾關店的一週後，我開了自己的店。一切都是靠貸款——食物、貨架，甚至第一個月的店租。但在那之後，我能在償債的同時持續進貨，這讓我的商店能跟大型商店競爭。

就在這時候，蘿拉發現自己又有了身孕。我們欣喜若狂，我向她求婚。我就老實說吧，這不是我第一次向她求婚，但她以前總是拒絕我。她說必須先弄清楚我是什麼樣的人。她覺得以前的我還不適合結婚。

而在那一次求婚時，在我們經歷了一切之後，我猜她認為我已經準備好了。她說了「我願意」。

我們舉行了一場小婚禮，地點是在蘿拉爸爸那艘停在船塢的船上。雖然一共只有七個人出席，但那天仍然是一場災難。噢，那天真的很慘。

婚禮那天早上，我緊張得要命，我的伴郎試著讓我冷靜下來。他叫我抽點大麻，可以消除緊張。

我不知道我為何照做，我根本不喜歡大麻。

我對那天發生的一切毫無印象，只清楚記得蘿拉穿禮服的模樣，剩下的都一片空白，我整個人一團亂。

這件事真的傷了蘿拉的心，但從整體來看，這還不是我做過最蠢的事。

搞砸

當時一切順利，日子很美好。我們有棟漂亮的小房子，蘿拉把這裡布置成一個家，我們有朋友，也有自己的生意。更棒的是，蘿拉懷了第二個孩子。

之後，艾爾利海灘成了一座鬼城，幾乎就發生在一夕之間。澳洲的航空公司發動罷工，意思就是沒人能搭機進出此地，而這就是蕭條的開始。

我們周圍諸多生意紛紛關閉，人們大舉離開。一些有家庭的商人——他們之前一直在附近的漢密爾頓島上建立度假村——不得不收拾家當，搬去該州的其他地方尋找工作。

我們盡可能撐了很長一段時間，但最終也和鎮上大多數人一樣，被迫歇業，離開艾爾利海灘的美好生活。

是時候換個地方了，我們決定搬去南澳。

沒有什麼能阻止我們做想做的事，所以我們在前往雪梨的路上停留了一段時間，探望了蘿拉的姊姊，好讓蘿拉生下我們的女兒。我們基本上只在醫院稍作停留，生完孩子後又回到路上。

事後回想，那時候真的很瘋狂。我們當時在想什麼？我當時在想什麼？蘿拉生產的一、兩天後，我們繼續前往南澳，我相信就是這些處境導致了她的產後憂鬱症，從此困擾了她多年——我又搞砸了。

抵達南澳後，我們愛上了巴羅莎山谷。我在阿得雷德市附近找到了一家水果店，店主正在聘請操作員；我在電話上應徵了這份工作，隔天參加面試，而且當場得到這份工作。

我們搬進了一棟漂亮的房子，後院有一排果樹。我幾乎每天都在工作，蘿拉則照顧我們的孩子。但我長時間待在店裡，意味著我幾乎總是不在家，而蘿拉在這裡不認識任何人，加上沒有家人在身邊，憂鬱症因此惡化。

半年後，我們回到了黃金海岸。

我女兒當時剛滿兩歲，我們一路上面對各種挑戰。蘿拉這兩年一直在對抗產後憂鬱症，我則是在工作和失業之間打轉。我能找到什麼工作就做，但有時就是幾個星期都找不到任何工作。無論我如何努力，就是沒辦法養活我的家人。

有一天，我找到一份工作，必須遠離家人三個星期。回到家時，我發現了一張紙條：蘿拉離開了我。

這令我大受打擊。她事先沒跟我說要離開，我也根本沒看到徵兆。她搬去了凱恩斯市，跟她姊姊一起住。

我坐在租屋處的客廳裡，拿著這張紙條，覺得這證明了我再次辜負了我的家人。

「媽的，我做了什麼？」我對自己說：「我失去了老婆和孩子。」

我感覺就像挨了一記當頭棒喝，這種感受再糟糕不過。我簡直不敢相信我的人生變成這副模樣。

重建人生

也不知道為什麼，蘿拉離開後，我得到了更多工作，這種時機真他媽可悲。我終於能養活老婆和孩子，但他們已經離我而去。

蘿拉聯繫了我幾次，跟我說她很好，孩子也很好，但我直接掛了電話。我再也不想聽到她的消息。

我心中充滿仇恨，針對她，也針對我自己。這種罪惡感令我不知所措，我徹底封閉了內心，夜以繼日地工作，白天做苦工，晚上在夜店當保鑣。我唯一能做的就是去上班，然後回家盯著手機。手機經常響起，但我拒絕接聽。我雖然遠離了我的孩子，每天都沒辦法和他們說話，卻還是拒絕接電話。

就這樣過了三個月。然後有一天，我接了電話。是我兒子打來的，他這時候已經五歲了。

「爹地？別掛斷喔。」他說。

我永遠忘不了這件事，想忘也忘不了。有一段時間，我只是把手機放在耳邊，聽他說話；他一直在凱恩斯市上學，他很想我，媽咪因為沒有我而很傷心。

「你什麼時候會來看我們？」他問。

我沒答話。我說不出話！我的喉嚨根本發不出任何字句。我聽見他說：「媽，他不跟我說話。」

我就是在這時候崩潰。

「夥計、夥計！我就在這兒，我有聽見你說什麼。」

他跟我說他愛我，我也跟他說我愛他，我非常想念他和他的妹妹。

然後他把電話交給他母親。

聽見他跑離電話機，去跟妹妹玩，我當時心想，幸好他不恨我。

然後蘿拉聽電話。她和她姊在凱恩斯市找到了住處，她也找到了工作，正在安頓下來，一切都很好。

「可是我缺了某個人，」她說：「我缺了你。」

「我做不到，」我告訴她：「我沒辦法去那裡再次辜負妳。我真的做不到。妳已經放下了過去，我也接受了這點。」

「比爾，」她說：「別傻了，時間只過去了三個月。別以為三個月就能擺脫你身為丈夫的身分。」

雖然花了一點時間，但她說服了我，讓我相信我需要遠離黃金海岸，凱恩斯市是個新的開始，是獲得新生活的新機會。

我意識到我們必須放手一搏，努力重建這個家。

掛了電話後，我幾乎立刻上路。我住的露營車營地對面有一家舊車回收廠，我每天都會經過一輛老舊的克萊斯勒「勇士」汽車，停在維修架上。

我走進回收廠，看到這輛車的汽車牌照再過六天就會過期。車窗上用馬克筆寫著售價：五百八十塊。我手上只有五百塊錢。

「你願意接受五百塊現金嗎？」我問老闆。

「沒問題。」他說。

「你覺得它開得到凱恩斯市嗎？」

「我認為它能開完四分之三的距離。」他笑道：「剩下的路，你就想辦法搭便車吧。」

「行。」我們握手敲定這筆買賣。

這是我擁有過最好的車，無懈可擊。它把我送到蘿拉的前門後才壽終正寢，簡直是他媽的奇蹟。

我從她的家門口走進書房。蘿拉一看到我就放下一切，奔向我。我們擁抱片刻，然後一起出門去接孩子。他們哭個不停，但說真的，我也哭個沒完。

我們一起在露營車營地找了個小型移動式房屋，在那裡住了幾星期，直到找到不錯的房子。我們搬進這棟房子，開始重建人生。

夜店保鑣

離開黃金海岸前，我跟每一個與我共事過的人道別。幾個和我一起在夜店當保鑣的同事告訴我，凱恩斯市有很多保安工作，我也該試著去那裡的俱樂部應徵。

當地一家老舊的殖民時期旅館裡有間叫「卓波」的夜店，是個惡名昭彰的背包客聚集地。他們確信我能在那裡找到工作，但某個老前輩鼓勵我把標準放得更高。

「比爾，你如果真的很擅長你的工作——而且你確實是高手——那你應該去『普雷潘』，那是昆士蘭最棒的夜店。」

所以我設定了目標。我在前往凱恩斯市的路上，一直想著叫作普雷潘的地方。我決定在那裡工作，無論如何都要得到那份職位，而且努力工作，一路往上爬，做出一番成果。

我來到凱恩斯市的城市邊界時，心中充滿雄心壯志，還想好怎樣在幾年內成為那家夜店的經理。我非常了解怎樣管理夜店，也把這個想法記在腦中，一旦想好該做什麼，就很難有人能阻止我去做想做的事。

抵達凱恩斯市的第一天，跟蘿拉見面後，我直奔普雷潘。抵達時，我看到有個人爬上梯子，正在更換門口標誌的光球。地上有個保鑣扶著梯子，是個大塊頭，名牌上寫著「傑佛瑞」。我上前跟他說話。

「嘿，夥計，你叫傑佛瑞是吧？我剛搬來，想在你們這兒找份工作。」

「這裡沒有工作。」

「你是店主、主管，還是老闆？」

「都不是。我是看門人。」

這個答覆讓我很不高興。這傢伙不是很友善，而且他的工作就是我想要的。

我朝梯子上的男子喊話。「那你呢，夥計？你知道這裡有沒有什麼工作？」

「是誰想知道？」他喊道。

「我！我叫比爾，剛從黃金海岸北上來這兒。你是誰？」

「我是老闆，布雷特。」

「你是老闆？」我忍不住發笑。他在梯子上爬那麼高，我還以為他是清潔工。「這傢伙在下面扶著梯子，你卻冒著生命危險往上爬？這不太對勁啊，布雷特。我聽說這是凱恩斯市最好的俱樂部，但我顯然來錯了地方。」

「你這話什麼意思？」

「我這麼說吧，布雷特，如果我撂倒這位傑佛瑞，你會給我一份工作嗎？」

「不會。這裡沒有工作。」

「這個嘛，首先，你需要一個新的看門人，然後你需要安全地從這座梯子上爬下來。你做事從不先想後果嗎？」

「我操，比爾老兄！你是搞笑藝人是吧？」老闆哈哈大笑，從梯子上爬下來。「我能找點事給你做。穿白色長袖襯衫，打黑色領帶，晚上八點來報到。」

接下來的六年，我幾乎每天晚上都在這裡看門。

布雷特其實是個很酷的傢伙，我們打從第一天拌嘴開始就處得很好。他每星期付我四百塊錢，這是我不敢相信的高薪。這在一九九〇年代初是一筆小財，我們的房租每週也才七十五塊，其他費用也很低廉。我們突然擁有了夢寐以求的美好生活，而且是白手起家。

我非常喜愛凱恩斯市，還記得我抵達這裡的第一天，下著傾盆大雨，一場十足的熱帶風暴。我抬頭望向周圍的群山，許多香蕉樹都被風雨打得彎下腰。然後太陽出來了，香蕉樹擺脫了雨水，再次昂首而立。這是一幅不可思議的景象，對我來說似乎是一種吉兆。

我如果走近一點去看那些香蕉樹，就會看到它們被跟人類腦袋一樣大的蜘蛛侵擾。我雖然不介意蜘蛛，但如果看到牠們爬在香蕉樹上，也許就不會覺得剛剛看到的畫面是吉兆。樹上有些蛇大到能吞下一整隻小袋鼠，但我也不怕蛇，至少蛇很老實。我在人生中見過一些人，他們該跟蛇學學怎樣做人。

那時候的凱恩斯市，有點像以前的美國西部荒野，環境真的很艱辛，但也充滿變化。有很多人來來去去，像是背包客、嬉皮和臨時工。你會看到某人兩、三次，然後那人就離開了你的生活。就算你哪天晚上跟某人有過節，他們會在第二天上遊輪或進叢林，然後就再也見不到他們。

這裡充滿樂趣。正如黃金海岸那個老前輩說的，普雷潘確實是全澳洲最好的夜店。大多數的夜晚，會有幾個名人上門，我每晚都被凱恩斯市最漂亮的女孩包圍，像是在那裡拍寫真或拍戲的模特兒和演員，來自世界各地、輕裝簡行的背包客，來這裡尋求刺激。

蘿拉第一次來探我班的時候，對那些跟看門人調情的年輕姑娘有點感冒。但她知道我不會背叛她，我們向來信任彼此。我倆在十六歲相遇，從此認定了彼此。她是我最好的朋友，也是我此生的真愛，我絕不會做任何傷害她的事。我的意思是，我並不是說我不喜歡被女孩關注，這確實令人開心，但我總是乖乖回家吃飯。

如果你覺得擁有一個好女人還不夠，我也不打算批評你，但我只想要蘿拉。跟她在一起三十多年後，我相當確定她值得我珍惜一輩子。

第二十一章　性愛地窖

如果被發現，家人會把我埋在亂葬崗

大多數人都怕死。我從沒遇過哪個人，在來到生命盡頭時不會因為知道自己即將死亡而沮喪。即使是非常虔誠的人，那些百分百確定自己將永遠生活在天國裡的人，也不想離開這個世界和家人。

但是泰瑞不一樣。他雖然不想死，但也不怕死。這個人對死亡沒有一絲恐懼，一點也沒有。沒錯，他確實希望活越久越好，但他已經八十八歲了，而且過了他想要的一生，毫無遺憾。

他結過婚，和慈愛的妻子一起成了家，但她很早就離開人世。泰瑞未曾再婚，但確實在第一場婚姻的基礎上過起另一種生活。他留下了一大群孩子和孫輩，過了充滿冒險的人生，在這個星球上做了想做的一切。

如今大限之日即將到來，他只怕一件事，而這就是他打電話給我的原因。

「我家裡有些東西需要你幫忙處理掉，」他告訴我：「並不是什麼違法的東西，只是很私人。如果被我的家人發現，他們一定會把我埋在亂葬崗裡。」

泰瑞住在新南威爾斯州北河地區的一個鄉村小鎮。他在盛年時是典型的八〇年代帥哥，過著賺快錢的刺激人生，穿著白鞋和開到肚臍的彩色襯衫。他一輩子都是這樣打扮，直到快九十歲。但他最近跌倒被送進醫院，顯然不會活著出院。

他從當地醫院被送去一家更大的醫院，位於堤維德岬，在那裡度過最後的時光。即使在臨終前，他仍然是派對焦點，令人難以置信地逗趣又外向。他很快就和他的安寧護理師成了最好的朋友，她透過員工室的八卦得知我是誰——就是她打電話給我，請我幫泰瑞處理一些事。

時間所剩無幾，他的孩子正從州際公路趕來。他當時非常害怕，只想回家處理掉藏在家裡的祕密。

在他的理解裡，他的孩子以為他只是個可愛的老人。但事實證明，直到最近，泰瑞一直享受著我們所謂的「積極社交生活」。

「威而鋼是我這輩子見過最棒的東西，」他在我們第一次見面時告訴我：「也許對全人類來說都是。」

他就是這種有話直說的人。

說真的，我一開始不喜歡這傢伙。他告訴我，他想請我處理掉的，是跟性愛有關的東西。我立刻以為這個骯髒老頭藏著一些兒童色情片，但他向我保證不是。他只是有一些非常私人的物品，而且深怕被家人發現。

我請他解釋，他開始仔細描述。我花了幾小時聽完這傢伙的故事，忍不住喜歡上他。泰瑞向來深受女性歡迎——也深受男性喜愛。你想得到的、想不到的各種性愛花招，他都玩過。

他在退休後，認為自己不適合當個孤獨的鰥夫，於是透過摸索學會了上網。他成了線上分類廣告網的忠實用戶。一個他以前無法想像但一直想要的世界突然向他敞開。這個穿著開襟亮粉紅襯衫的老人在鍵盤上敲敲打打，對螢幕上顯示的東西大感吃驚。

「我這輩子向來對各式各樣的玩意兒感興趣，」他告訴我：「可是我從沒想過，會找到和我志趣相投的人，或是深受比我年輕的女人歡迎，一大堆四十代的女人想認識經驗豐富、跟她們有同樣愛好的年長男人。」

即使是現在，他臨終時，你還是看得出來他對自己在網路上找到的世界感到多麼驚訝又感激。他驚訝地瞪大了眼，因為他以前以為古怪且不正常的性愛花招，其實完全正常。不管你喜歡什麼，外頭的世界都可能有你的同好。

他雖然沒有遺憾，但還是不想讓孩子知道他喜歡在臥室裡和大批年輕男女做些什麼。他要我去他家，找到那些物品，予以焚毀，而且帶回證據。他沒有給我詳細的清單，只是告訴我，房子後側有個房間，需要特殊鑰匙才進得去。

「好吧。那麼，我會在裡頭發現什麼？」

「一般情趣用品店會賣的那種東西，」他說：「還有一些……比較不堪入目的東西。」

性愛地窖

我來到泰瑞的住處，覺得並沒有什麼特殊之處。這是一棟七〇年代的小型錯層式紅磚建築，街道上都是類似的房子。我停車時，泰瑞的鄰居，一位中年女士走向我，問我是不是泰瑞的兒子，他最近怎麼樣。

我盡量含糊帶過。

「他很好，」我告訴她：「他精神很好，希望能早點回家。」她似乎鬆了口氣，也很關心泰瑞的安危，所以我問她能不能在收到泰瑞其他消息之前留意這個地方，像是嚇阻小偷、為植物澆水之類的。她說她很樂意。

我拿著泰瑞給的鑰匙，開門進去，關掉了高級的居家防盜系統，迅速搜查了房子。我還是沒發現任何特別之處。這裡看起來就像有點錢的退休紳士的家，客廳裡有大電視和漂亮的沙發。

有幾處的擺設看起來就像電視劇《鷓鴣家庭》，可是房子的後側比其餘部位都現代，在某個時候經過翻修，增添了一間套房。

我走下樓梯，進入一條走廊，盡頭是一扇裝了複雜鎖具的素色門扉。就是這裡。泰瑞跟我說過能在廚房水槽底下找到鑰匙，藏在一罐殺蟲劑後面，我果然找到了：一把鑰匙，串在一個裸女鑰匙圈上。

我解開鎖，打開門，走進另一個世界。

這是我第一次進入性愛地窖。我得說，這裡還滿不錯的，跟我原本想像的並不一樣。如果有人叫我畫出一個老人的性愛地窖，我大概會想像一些非常陰森的東西——黑牆，沒有燈，昏暗噁心。可是這裡完全不一樣，是個很有品味的房間，一塵不染，放著一大堆假陽具，每一支都乾乾淨淨。

牆壁採用了美麗的柔和色彩，吊燈投下的光芒照亮了不同區塊。這裡實在乾淨整齊。

泰瑞獨自一人裝修這個房間，成果非常棒。牆上用來繫上手銬的D形環深深陷在磚裡，石膏沒有裂開或凹陷。泰瑞似乎有裝修方面的天分。我站在原處，想像這個可愛的老人走進邦寧斯五金行，問那些穿著綠色圍裙的人在哪裡能找到繩索和鐵鏈。

那些鏈條上掛滿了彩燈，所以乍看之下，很像在時尚咖啡館裡看到的那種裝飾燈。我看著，心想：**噢，真不錯，是個好主意，也許我也該這樣裝飾我家客廳**。我過了整整一分鐘才意識到是怎麼回事。

房間的每一處都偽裝成人畜無害的模樣。我拿起了我以為是燈的東西，找到開關，才意識到它其實是個跳蛋。

泰瑞這樣設計，大概是顧慮到如果哪個孩子湊巧發現這個房間，在乍看之下可能會以為這只是泰瑞在退休後的翻修項目：**天啊，老爸失去理智了，居然在臥室裡做了個鞦韆！**

這是我第一次看到所謂的「性愛鞦韆」。我很少去成人俱樂部或接觸「綁縛與調教」，所以只是站在原處，困惑地看了很久，想弄明白這個吊在天花板上的大型裝置究竟是什麼，手、腳或其他身體部位應該放在哪。

接下來我心想：我他媽的要怎樣把這些東西搬出去？

我是可以從鞦韆的支架上解開螺絲，但卸下來的東西就是一大塊實心金屬。這東西沒辦法摺疊，而且就跟一般人掛在後院樹上那種輪胎鞦韆一樣又大又重。我要怎樣低調地搬去車道上，裝進我的車裡？

我接下這份工作時，以為只是處理一些色情雜誌，也許一、兩個性玩具，一定塞得進一般的行李箱。

而這裡的性玩具，數量龐大到令我瞠目結舌。不只是假陽具和跳蛋之類的，還有乳膠衣、面具、鎖鏈、手銬、腳銬、潤滑劑、人體奶油、精油和蠟燭。我考慮把所有東西都裝進垃圾袋，可是一定會引來側目——一個陌生人從病人的房子裡拖出來一大堆垃圾袋，袋子裡看起來像是裝著一大堆尖尖的東西。

最後，我想到一個辦法：把我在洗衣櫃上看到的大床單拿來，充當布袋，來打包這些東西。總共包了三大包，我綁起袋口。

如果我在外頭遇到的那個鄰居還在旁觀，就會看到我辛苦地把這些裝滿性玩具的大袋子拖到車上。我看起來一定就像送禮物給變態的聖誕老人，忙著送禮物給這一年非常「淘氣」的男孩和女孩。

這不僅令我好奇，因為那位女鄰居看起來很親切，而且顯然非常喜歡泰瑞。她坐在他廚房的餐桌旁喝茶聊天時，應該根本沒想到自己離全澳洲最完備的性愛地窖只有幾公尺。

但話說回來，也許她清楚知道這一切，所以才會這麼喜歡泰瑞？誰知道呢。

臨走前，我發現郵箱裡塞滿了郵件，所以收了信，打算交給泰瑞。我覺得我跟他算是成了朋友，何不順便幫這個忙。

我回到家，點燃了焚化爐，用手機拍攝自己一個個銷毀每件物品的畫面。看著這些給泰瑞的生活帶來這麼多歡樂的物品被扔進火裡，我覺得有點苦樂參半。你如果看過《星際大戰》，也許還記得達斯·維達的頭盔在火中融化時，背景響起的悲傷配樂。想像那幅畫面——但想像一個巨大的性愛鞦韆搖啊搖。

我在隔天拜訪了泰瑞，向他展示了證據，讓他知道他的祕密已經比他提早進了墳墓。他欣喜若狂，非常慶幸現在能鬆口氣。

他告訴我，他兒子剛到鎮上，打算自行進入他家，在空出來的臥室裡過夜。他兒子到達那裡時，會看到一棟漂亮的郊區房子，鄰居都很友好。看到房子後側那間白牆空房時，想必不會起疑。

畢竟有什麼理由起疑？我猜這件事的教訓是，永遠不要低估你尚在人世間的親友，他們很可能遠比你想像的更有意思。

第二十二章　普雷潘夜店

痛苦成癮

作為凱恩斯市唯一能容納超過兩千五百人的會場，普雷潘每晚都很熱鬧，而熱鬧意味著打架。

我上工的第一個晚上，另一個保鑣問我有沒有帶護齒牙套。我覺得這真荒謬，誰他媽會戴那種東西去夜店門口上班？然而，到了第三個晚上，我帶了兩個牙套，以防第一個被哪個喝醉的香蕉農壓進我的喉嚨裡。

有些晚上真的是腥風血雨，暴力程度令人難以置信。我如果趕走一個製造麻煩的人，另一個就會開始惹是生非。年輕人喝醉，開始打架，打破玻璃，對女性不禮貌，然後現場上演全武行。

有些人就是愛打架。有些暴力狂之所以去夜店，就是為了毆打保鑣。不過我不介意，因為我跟他們是同一種人。

說真的，我很喜歡打架。不只是打人，也包括被打。聽說這就是賭博成癮者的問題，他們不僅享受贏，也開始享受輸。但這就是我和痛苦之間的關係。我喜歡被傷害的感覺，因為那是我一生中少數幾次真正有「感受」的時候。

日後的心理治療讓我明白，我其實學會把「享受痛苦」當成一種應對機制，因為我在成長過程中，從我媽那裡得到的唯一關注，就是被她打的時候。很病態吧？看到媽媽拿出熱水壺電線來鞭打我，我會覺得，**好吧，她之所以傷害我，是因為還算愛我**。

我有能力吸收大量的痛楚，不僅能忍受，還能享受。如果有人偷襲我，一拳打斷我的鼻梁，我會坐在地上，心想，**很俐落的一拳，整體動作非常流暢，有好好運用肩膀，幹得好**。然後我會站起身，把偷襲我的傢伙打得連他媽都不認得。

你如果想阻止我，就必須真的對我造成傷害，像是打斷我的一些骨頭，挖掉我的一隻眼睛，否則我不會停手。我真的很享受這個過程。

別誤會，我有好幾次被打得很慘，但還是樂在其中。

我有幾次從地上爬起來，心想，**我操，怎麼會落到這種地步？**

有人會走到我面前，說：「夥計，他們用手肘狠狠打了你的臉，我們還以為你死了。你還好嗎？」

我的每一顆牙齒都在鬆動，鮮血倒灌進咽喉，但是我會這樣答覆：「我覺得棒透了。開始第二回合吧。」

拳頭以外的技能

在普雷潘，如果有人走到門口，問誰想打架，我的反應就像要被帶去散步的小狗。「太好了！快選我！我想打架！咱們開始吧！」

我這種反應會讓他們三思而後行。「算了，你這神經病，離我遠一點。」

我會大失所望。「噢，你確定嗎？試著打我幾拳嘛。打斷我的鼻梁，看你喜不喜歡這種感覺。」

老闆很喜歡我這種態度。「你這個變態嚇得他們根本不敢跟你打。」

他早上六點會來俱樂部打烊，很高興門禁方面沒出現問題。「比爾，你對咱們的生意很有幫助。如果沒人想打架，就沒有事故，沒有警察，沒有小劇場，沒有煩惱。這裡永遠僱用你。」

任何白癡都能用拳頭結束一場打鬥。但想大事化小，需要的是另一種技能。幸運的是，我向來有說話的天賦，我在街頭學會怎樣用話語來給自己惹麻煩，但也解決麻煩。我藉此擺脫麻煩的次數已經多到數不清。

名人圈

透過這份工作，我結識了一些來自各行各路的好傢伙，像是西裝革履的專業人士、警察，還有鐵路工人。

我也遇到路過此地的各種樂團。任何能吸引人潮的巡演藝人如果來到凱恩斯市，都會在普雷潘表演，而我為他們負責保安工作。我見過天使樂團、Hoodoo Gurus、空中補給、擠屋樂團、羅斯．威爾森、銀椅樂團……以上只是其中幾個。

他們大多很有趣，雖然其中有些人有點自大。特別是某個搖滾樂團的主唱，是個真正的混蛋。這傢伙對所有他認為低自己一等的人都非常傲慢無禮，基本上就是所有夜店員工，只有老闆例外。他來店裡表演，是為了一場吸毒成癮青少年的慈善募款活動，但他在後臺吸食一排排的古柯鹼，還對周圍每個人頤指氣使。我不會指名道姓，但他真的是脾氣很大的小王八蛋。

相較之下，創作歌手吉米．巴恩斯截然不同。他是個十足的紳士，彬彬有禮，對每個人都很友善。他對後臺的一切毫無怨言，就算有，也不會讓我們知道。他只是很高興能來這裡做他想做的事。他在演出前不說廢話，態度務實，但不是無禮的那種，而是非常專業。

吉米可能是我見過最會炒熱氣氛的主唱。他把三千個尖叫的粉絲變成合唱團，每個人都和他一起唱歌。場地擠得人山人海，保安人員也繃緊神經，準備度過一個重要的夜晚，但看著吉米．巴恩斯時，發現他全然平心靜氣。這大概是凱恩斯夜生活史上唯一一個沒人打架的夜晚。當晚唯一被要求離開的人，是一個帶著酒意騷擾吧檯女員工的樂隊雜工，吉米後來親自訓斥了他。吉米之所以是傳奇人物，絕非浪得虛名。

巧遇馬龍．白蘭度，方．基墨也是座上賓

九〇年代中期的某個週五晚上，我在普雷潘門口站崗時，有個穿著人字拖的傢伙出現。他長得挺帥的，看起來也很友善，但我們有嚴格的著裝要求，要求客人必須穿著包住腳趾的鞋子。

「夥計，你穿那種鞋子不行。」我告訴他。他只是驚訝地對我眨眨眼。

「真的嗎？」他說。

「這是為了你好，因為裡頭的地板上到處都是碎玻璃。」我接著解釋，只要他回家、換上更適合的鞋子，我很樂意免費讓他進來。我用這種方式向客人表明，不是所有保鑣都是壞蛋，而且我只是試著讓他們在這裡的夜晚盡可能愉快又安全。

儘管如此，這傢伙只是瞪著我。

「也許你該仔細看看你在跟誰說話？」他提議。

我不知道他是誰，也不太喜歡這種態度。我覺得他有點眼熟，可能是我之前在門口趕走的哪個自大背包客。

我把他拉到一邊，讓排在他身後的人進去，這時一個女孩走來，向這傢伙索討簽名。我突然意識到他是誰：方．基墨，世上最紅的電影明星之一。他那時為了拍攝《攔截人魔島》而來到這裡。我差點因為蝙蝠俠穿著人字拖而把他從普雷潘門口趕回去。

我面向方哥，說因為我今天已經放了一個穿人字拖的傢伙進去，所以我願意對他再次破例。當然，根本沒有另一個穿人字拖的傢伙。

我護送他進了俱樂部，並通知其他保安人員照顧他，確保他能多拿到幾杯飲料。

八卦在凱恩斯市這種小鎮傳得很快，「方．基墨來到普雷潘」的消息一出，人們蜂擁而至，結果成了我們一年當中最繁忙的夜晚之一。他離去時，跟我握了手，並感謝我的善意。

接下來幾個月，我因為常常接待方．基墨及《攔截人魔島》的其他劇組人員，而受邀去片場吃早餐。這真的是超神奇的體驗，我得以窺見好萊塢的幕後花絮，看到一大堆俊男美女跑來跑去，緊繃的能量在空氣中劈啪作響。

我當時正在和劇組人員談論這部電影，聽他們說這部戲拍得很不順利，而就在這時，有個人興奮地來到工作人員面前。

「馬龍來了，」他輕聲道：「馬龍．白蘭度來到拍攝現場了！」

我興奮不已。馬龍・白蘭度是個具有象徵地位的演員，真正的男子漢、傳奇、全方位硬漢。我從小看他演的經典電影長大，每個六、七〇年代的年輕人都想成為他那種人。

我在片場逗留了幾個小時，希望能見到他，但一直沒看到他的蹤影。我該離開的時候，失望地走向出口。

在出去的路上，我經過一個坐在輪椅上的老人，他就像一座脾氣暴躁的小島，被四面八方、四處走動的人海包圍。

「早啊。」他悶哼道，接著還說了些什麼，但含糊不清，我實在聽不懂。

「早啊，」我禮貌回話，不想對老紳士不禮貌，「今天會很熱，濕氣會高得驚人。」

我這番話似乎讓這個人更加沮喪，他喃喃自語，說了些我聽不懂的話。

「那麼，再見啦！」我說，然後走去外面。

我臨走前，劇組裡一個經常光顧夜店的年輕人問我：「他說了什麼？」

「誰？」

「馬龍・白蘭度，不然還有誰？」

「我他媽的哪知道他說了什麼？」

「你剛剛才跟他說了話，比爾。坐在那裡的那個人就是他。」

我很震驚，不是因為我剛剛和馬龍・白蘭度說了話，而是因為他真的很……老。我原本期待見到電影中的那個男人，意氣風發、強而有力、運動家體型、氣勢驚人。但遇到這個體重過重、脾氣暴躁、抱怨天氣的老頭子，實在有點出乎我的意料。

儘管如此，我意識到一件事：片場每個人都避開他，因為尊重他的地位，以及他曾經是英雄人物。但我很高興，至少我對一個傳奇人物很有禮貌，而且是他先花時間跟我打招呼。

我猜這裡頭的教訓是：永遠不要以貌取人。

總統保鑣

我漸漸在人們心中建立了一種印象：我懂得如何以專業又謹慎的態度守護某人。也因此，人們開始找我做其他保安工作。為銀椅樂團提供保安服務後，我被選去凱恩斯市西邊的庫蘭達村，為他們的演唱會提供協助。

後來，我因此開始做起私人保鑣工作，結果遇上一些非常特殊和有趣的處境。

其中一件令人難忘的工作，是藝術家肯．多內在北昆士蘭開設第一家畫廊，找我擔任保鑣，我的工作是確保那些在路上騷擾路人的醉漢街友離畫廊遠一點

最令人難忘的任務，大概是被選去協助比爾和希拉蕊．柯林頓及其顧問的保安團隊。我的人生歷程確實變化很大——不到十年前，我被關在伯格路監獄的禁閉室裡，而現在，柯林頓總統在會場演講時，我和他的特勤人員一起工作。

我到現在還留著總統專機上的火柴盒。

第二十三章　告白

想道歉的人

幾乎所有僱用我介入他們葬禮的人，都是因為他們有話想說，大多是他們感到羞恥，或一直沒有勇氣說出來的祕密。然而，少數幾個告白根本不是祕密，只是死者從未找到適當的詞句來表達的遺憾或悲傷。

這實在令人惋惜。有時候，我在告別式上站起來，展開信件，而我和現場每個人都明白，如果當事人有膽量在還活著的時候說出真相，情況就可能會多麼不同。

約翰．史考特是個愛找樂子的傢伙。先讓你了解一下這傢伙：他訂做了一口用衝浪板製成的棺材，有著大浪上騰的造型，所以看起來好像他只是在衝浪板上打盹。他是個令人難忘的角色，是惡棍、賭徒、醉漢、劈腿狂和騙子。但這對他的女友或前妻來說都不是新聞。他僱用我，基本上算是為了在他的葬禮上向她們道歉。

我拿著信封，站起來，為自己打斷葬禮而道歉。

「我叫比爾．埃德加，是棺材告白者。約翰．史考特請我介入他的葬禮，並大聲朗讀以下內容。

「你們如果聽到這封信的內容，表示我已經死了。首先，感謝那些願意花時間參加我葬禮的人。致我的女友莎莉，我很愛妳，也很希望能跟妳白頭偕老，可惜老天爺給了我們一張始料未及的牌。請繼續記得我。我永遠不會忘記妳。我永遠愛妳。

「致我的前妻蘇，很抱歉傷害了妳。我為所有的痛苦、折磨、謊言、愧疚、酗酒和賭博向妳道歉。我原本能當個更好的丈夫，卻沒這麼做，我為此真心深感抱歉，請原諒我。蘇，妳找到了吉米這個好男人，也值得被善待，我只希望你們能過著充實又幸福的生活。順便問一下，這裡每個人都知道妳懷孕了嗎？還是妳不想讓人知道？祝妳接下來過得愉快。

「我之所以找上棺材告白者，不是為了幫我寫悼詞，而是為了告訴你們，我愛你們，而且我真的試過成為更好的人，就算我是最糟糕的人。好好保重，而且幫我一個忙：好好把握人生。」

信到此結束。他付了我不少錢，表達他因為自己如何對待愛他的女人而感到的悲傷和悔恨，尤其是他的前妻；我想他跟她之間真的有很深的感情。

我對此當然無從置喙，但話說回來，每次遇到這樣的案件，我都不禁會想，如果我的客戶在大限到來之前就努力做出彌補，情況不知道會變得多麼不一樣。

沒有祕密的人

不過有些人就是沒有祕密，只是想用自己的方式離開世界，珍．霍登絕對屬於這類。

珍是所謂的個人主義者，很像六〇年代那種崇尚大自然的女人。她熱愛塔羅牌占卜、淨化氣場、嬉皮那種另類反主流文化類型的生活。因為她有個女兒，所以她的人生顯然有過男人，但她後來是和女人一起生活，兩人交往了大半輩子。

她們住在老舊的「昆士蘭屋」裡，那是一棟搖搖晃晃的高架式木屋，看起來就像喝得太醉，需要趴在吧檯上小睡一會兒。珍及伴侶芭芭拉把所有房門都開著，每當微風吹過房子，掛在每間房裡的拋光玻璃風鈴就會齊聲作響。

這是個快樂的家，沒有祕密，沒有珍想發掘的創傷。沒錯，她是有一些遺憾，但也只是一般人會在一生中自然累積的那種。

珍和芭芭拉花了很多年為一場重要旅行存錢，但也年復一年推遲這個夢想假期，想等到有時間再說。珍終於退休後卻生了病，旅行計畫因此充滿未知數，如今確定不可能成真。

珍接受了自己即將死亡的事實，態度十分從容。我覺得，她僱用我只是為了在葬禮上稍微振奮大家的心情。她告訴我，她讀了一篇關於我的文章，因此請她女兒幫忙，因為她認為

「這會是一場有趣的葬禮」。

這種客戶其實滿多的。很多客戶要求我穿著特定服裝參加葬禮，或打扮成某個特定角色。很多人希望我能打扮成《辛普森家庭》裡的荷馬．辛普森，介入他們的葬禮。我不知道原因。我照鏡子的時候，覺得自己並不像荷馬。

有人曾拜託我打扮成喜劇演員瑞吉．葛文。有夠怪的請求。

我拒絕了那些要求，但我很樂意答應珍的請求，介入她的告別式。

我們站在伊普斯維奇墓園的墓地，看著棺材被降入地下，我用以下的話語打斷了大家陰沉的心情。

「打擾一下，我叫比爾．埃德加，是棺材告白者。珍要我在這一刻中斷她的葬禮。她有些話想說，所以我將閱讀以下內容。

「蘇珊，我美麗的女兒，我將永遠在妳心裡。請成為妳想成為的人，不要讓任何人說妳不能，因為妳一定能。我把擁有的一切都留給了妳，妳想怎麼運用都由妳決定，但記住，妳是個堅強的女人，我愛妳。張開翅膀飛翔吧，我的寶貝女兒。

「芭芭拉，我真正的朋友和愛人，真希望我們能一起踏上那場旅行。請接受這個禮物：享受那場盛大旅行。經常想起我，知道我會與妳同在。感謝妳給了我美好的生活，充滿歡樂和愛。記住我，而且知道生命可貴。別浪費任何一分鐘。好好把握妳所擁有的。」

她的訊息既真誠又簡單。好好把握人生。

也因此，該往前走的時候，就該往前走。

第二十四章　私家偵探〇〇七

擺脫討債員

在凱恩斯市待了將近八年後，我開始覺得自己的格局已經高過這裡。「每晚跟醉酒農民搏鬥」的吸引力開始減弱。我的孩子逐漸長大，我的脾氣也比以前平穩。

我們搬回了黃金海岸。我開始做起砍樹生意，後來擴展到水箱的銷售和安裝。不幸的是，工作量開始減少，我不得不另外找工作。

我應徵並得到了一份在電話中心擔任收債員的工作，做得得心應手。沒多久，我已經為公司賺了一大筆錢——那金額大到我不敢相信原本持有債權的客戶，會來找我們這家小小的收債公司。

這種工作對精神方面沒什麼營養。我一整天都在打電話給人們，責怪他們沒有償還債務。我開始做這份工作之前，有點以為這會很適合我，就像某種賞金獵人，追踪那些躲避償還貸款的狡猾人們，但這些幻想很快破滅。

這種工作任何笨蛋都做得來。六個月的期間，我看著這家公司用操弄、脅迫、欺騙和類似流氓的策略，迫使弱勢民眾償還他們根本沒辦法還清的債務。有些人甚至不知道自己欠下債務——一開始只是一些小額罰款之類的，但在他們不知情的情況下，悄悄滾成可怕的巨額債務。

後來，我在調查一筆債務的過程中，偶然發現公司在每筆債務上賺了多少錢。收債公司會用低於債務價值的價格，從銀行之類的貸方買下一大堆未償債務。然後，如果他們能讓負債人全額償還，就能留住所有的錢，因此賺取可觀利潤。不過，這些機構是一次購買許多債務，而且幾乎不用支付任何費用。你如果把每筆債務的價值跟收債公司付出的成本做比較，就會發現這實在瘋狂。一筆五萬塊的債務，收債公司可能用不到十四塊錢的現金就能買下來。

此外，銀行本身有買保險。把一筆債交給收債公司後，銀行就能擺脫這筆呆帳，這就是為什麼銀行能用近乎免費的價格把債務賣給收債公司。收債公司拿到債權後，會大幅提高利息金額，遠高過銀行會收取的金額。他們就是這樣毀掉你的人生。

這令我大開眼界。在我看來，這個系統被這樣拿來對付普通人，簡直就是犯罪。這麼做當然並不違法，雖然討債業可能會坦然承認這麼做確實不道德。

一個被我們公司追債的女人因此自我了斷，我終於受夠了這份工作。她欠下一筆錢，而隨著時間過去，也越來越為之苦惱。她的人生應該還有其他問題導致她的死亡，但被討債員騷擾確實是雪上加霜。

雖然把她逼到懸崖邊的人可能不是我們，但我確實對此感受不佳。我去找了老闆商談，跟他們說我相信是我們促成了這起悲劇。他們叫我別想太多。我反駁時，他們告訴我，如果我再深究這件事，他們將被迫將我解職。

「你們是認真的？媽的，隨你們便。」

我決定辭職，然後跳去圍欄的另一邊，對這些機構發起反擊。我開始深入調查這個行業，而且建立了我自己的生意：「擺脫討債員」。

我運用我從另一面學到的東西，教導人們如何透過合法權利和漏洞來擺脫不公平的債務。討債業試圖透過流氓手段逼我離開這一行，說我這麼做很「不道德」。

我對他們的態度是「你們才不道德吧」，我繼續教導人們如何避開討債員。

成為私家偵探

在研究這個行業的機制時，我意識到我其實沒辦法找到所有我需要的情報。為了替這個行業帶來改變，我需要弄到一個能在法律上保護我的資格，也就是私家偵探執照。

我去上了政府批准的私家偵探執照課程——只是一些法律教育課和一場是非題考試——就正式成為一名私家偵探。

事實證明，私家偵探的工作根本不像電影裡演得那樣刺激。

我拿到執照後，起初兩千個小時的工作都是在幫保險公司進行調查。例如，某人發生了公眾責任事故或工傷事故，提出索賠，也確實應該獲得理賠，而對大型保險公司來說，找私家偵探確認「索賠是否有問題」是標準做法，如果有，就能拒絕付款，或至少付得比較少。

例如，倉庫工人可能會因為在工作時傷到背部而要求工傷理賠。保險公司就會付錢僱我這種人，我會在工人家外面等候，拍下他做出號稱受傷卻還是做得出來的事情，像是修剪草坪或抱著剛從店裡買來的雜貨。一個調查人員如果比較不嚴謹，就不會在意自己向保險公司提供的證據是合法的、間接的還是偽造的。

我獲得足夠的經驗後，就決定不再幫保險公司做這類調查，而是用自己的名字創了自己的私家偵探生意。我唯一要做的就是在報紙上打廣告，而工作也立刻滾滾湧來。

來找我的人，大多要我調查他們的配偶是否有外遇。想當然耳，他們的配偶大多確實有外遇。這種事我見過太多次了：你們的關係很糟，所以你僱了一個陌生人來調查，但是能證明你恐懼的照片，其實並不能解決感情問題。

大老婆的執迷，情婦的救命草

我曾經花一年多跟踪某人，是個我暱稱為「鴿子」的著名商人，體型肥胖腿短，走路總是大搖大擺。他的妻子找上我，說她懷疑他不忠，要我跟踪他。我告訴她費用是每小時一百五十塊，她也欣然同意。當時她心煩意亂，而且錢似乎不是問題。

第一天，我跟蹤這隻鴿子，他忙著平時的送貨。大約兩小時後，我跟著他進入一個郊區街坊，他把車開進一棟現代低矮住宅的車道上，直接駛進敞開的車庫。他一進去，車庫門就滾動降下，所以我把車停在轉角處，不會被屋裡的人看到，但距離夠近，我能從車裡拍下監視照片。

四十分鐘後，車庫門再次吱嘎打開，鴿子的車倒退出來。我拍完了一卷底片，心想這下就有證據交給他的妻子。我只花了幾小時，這份工作似乎太簡單了。

我打給客戶，說明了情況。她沉思片刻，要我隔天早上再次監視那個地方。我同意了，第二天早上把車停在情婦家的轉角處，靜心等候。果不其然，就跟精準的時鐘一樣，鴿子再次開車進入車庫。

我打給客戶。她問我有沒有辦法拍下房子裡發生的事。這確實不容易，畢竟現在是早上八點，這裡是安靜的郊區，但「不容易」不等於「不可能」。

我來到隔壁的房子門前，敲了門。一名年輕女子應了門，問我有什麼事。

「我是妳家後面那一戶，正在考慮賣掉我的房子。」

我問她能不能我進入她的後院，從那裡拍攝我的房子，以便登報販售。她很樂意，所以我獨自進入她的院子，拍下鴿子情婦家裡發生的事。

我沖洗這些照片後，相片上是一名五十多歲的女子，化了妝，穿著性感內衣，坐在鴿子身旁，他只穿著背心和內褲，正在吃培根和雞蛋的豐盛早餐。這看起來顯然是舒適的性交後場景，當然也是我的客戶提出離婚所需的一切。

我和客戶在咖啡館見面，我把照片交給她。她迅速瀏覽相片，顯得愈加沮喪，她立刻認出照片中的女人是她的好友兼網球搭檔。她開始哭泣，我則是恭敬地等她消化得知的消息。

她終於平靜下來，擦掉眼淚，說了一句令我始料未及的話：「我要你再跟蹤他兩個星期。你能答應嗎？」

我必須承認，這實在令我驚訝。我溫和地提醒她，這麼做會花她每小時一百五十塊，而且她已經獲得了證據，確認了丈夫不忠和情婦的身分。她確定要我繼續跟蹤？

她很確定。

重點是，鴿子從不改變例行公事。兩星期後，我一共拍下了十四組鴿子和情婦相處的照片，內容幾乎都一樣。但我把相片拿給客戶時，她堅持要我繼續處理這個案子，而每次聽我說我認為這是個壞主意時，她就很不高興。

所以我繼續跟蹤鴿子，就算我除了跟蹤他之外根本無事可幹，這時我也對他的行程瞭若指掌。我去他為情婦準備的房子，拍拍照片，然後等他離開。

到頭來，我跟蹤了這傢伙十四個月，風雨無阻。

這真的很瘋狂。他老婆並沒有離開他。之後我偶爾會在電影院或餐廳碰到鴿子和我的客戶，看到他們手牽手。她會假裝沒看見我，然後我們會在幾天後見面，我會給她更多她丈夫出軌的照片。

時至今日，我還是不知道客戶家中究竟是什麼情況。我太太認為，我的客戶害怕離開丈夫，而且很寂寞；她之所以僱用我，是把我當成某種朋友，會在她哭泣時陪在她身邊的人。也許真的是這樣吧。

我突然意識到，也許客戶就是因此感到興奮，也許看到老公出軌的照片會滿足她某種怪異癖好。怪事到處都有，黃金海岸特別多。你根本無法想像某人的婚姻內幕是什麼樣子。我個人認為，不知道真相比較好。

我永遠不會知道我的客戶究竟在想什麼。到頭來，我不得不放棄這個案子，因為我向這可憐的女人收取了一大筆費用。她總是準時付錢，且從不囉嗦。對她來說，重點不是錢，她就是想知道她丈夫每一天裡的每一分鐘在哪裡。這麼做很不健康，而且過了一段時間後，我覺得實在不該從她身上拿走更多錢。我告訴她我沒辦法再為她工作，也從此分道揚鑣。

數年後，我在報紙上得知鴿子死了。他在高爾夫球場上心臟病發，倒地身亡。之後，他的情婦也終於公開露面。她提起訴訟，想分得他的一些資產，理由是他們在很長一段時間裡是處於實質的情侶關係。但她什麼也沒得到，因為她沒有任何證據能證明他們一直在一起。諷刺的是，鴿子的老婆有證據！分量長達十四個月的照片，能證明她丈夫對他情婦的愛。

臥底抓小偷

我更喜歡私家偵探在商業方面的工作，像是在企業中擔任臥底，以查明是誰該為公司內的竊盜或破壞行為負責。

這方面的最大客戶之一是酒店業，竊盜在這裡是個大問題。他們在工資欺詐方面存在很大的問題，有些員工其實沒上班，卻謊報工時。這種事情在酒店的低薪員工當中很猖獗，像是清潔工和廚房工人。他們會請一個同事用他們的考勤卡打卡，這樣就能說他們在沒輪班的時候有上班。然後那個同事改天會請他們做出一樣的事。

在我臥底過的一些地方，是一個人拿著其他四人的考勤卡跑來跑去。這乍看可能沒什麼大不了，但如果一家連鎖酒店數以百計的員工都在幹這件事，每年累積下來的費用就可能數以百萬計。

我在酒店業的第一份工作，是幫黃金海岸一家大型豪華酒店解決這種問題。我以警衛身分臥底，而以我過往的工作經歷來看，這對我來說易如反掌。

經理四處走動，把我的假身分介紹給所有員工，我由此開始摸索這裡的人際關係。

大概在第二天晚上，我轉向其他警衛，跟他們說我餓壞了。「嘿，你們知不知道在這兒能怎樣弄到食物？」

其他警衛連眼睛也沒眨。其中一人詳細教我怎樣闖進廚房冰箱，還鼓勵我挑選裡頭的高級食物。

「試試鮭魚，」一名警衛說：「很美味。」

「別拿鮭魚，」另一名警衛開口：「如果真的要拿，記得一定要整條拿走。他們如果發現冰箱裡只有半條鮭魚，就會起疑。」

據說，這傢伙每兩天就會把一整條鮭魚藏在外套底下帶回家。

我不敢相信。我覺得似乎根本沒有臥底的必要，因為他們爭先恐後說出自己的犯罪事實。這家酒店從裡到外腐敗透頂。謊報庫存、物品竊盜、工資竊盜、心懷不滿的員工做出的蓄意破壞……肇事者對此並不害羞，而是清楚向我說明真相。

我得到需要的所有情報後，就離開了。某天晚上，我裝作跟管理階層大吵了一架，於是當場辭職。「這個地方爛透了，」我跟其他員工說：「老子要走了，再見啦。」

在他們眼裡，我只是個不開心的警衛。也因此，他們在幾週後被叫進經理辦公室時，應該根本沒機會看出前因後果。

管理階層跟惡質員工算帳的時候，我絕對不會在場，畢竟也不需要。一旦被施加壓力，人們通常很願意坦白罪行。沒有什麼東西比「內疚」更沉重。

第二十五章　令人尷尬的東西

裝了不可告人祕密的電腦

假設你現在就死了，例如你立刻放下這本書，過馬路，結果被公車輾過，那會是很難收拾的麻煩場面——不只是事故現場而已，雖然可憐的公車司機確實會倒大楣，但我說的是更廣泛的層面。某個人，通常是你的伴侶、父母或孩子，將被迫整理你的家。他們必須整理你所有的世俗財物，裝箱搬去另一個地點或是扔掉。

想想你家現在有什麼東西，有些應該是你不希望被近親發現的。這類東西是什麼？藏在櫃子後面的一堆色情雜誌？藏在床底下的情趣用品？

也許你有舊情人寫給你的情書，你出於念舊而留著，而且不想被你的配偶發現。或者你的筆記型電腦某個資料夾裡的電子郵件，記錄了你的婚外情？

也許與男歡女愛無關。也許你有欠債，也許你是賭徒。也許是小事，例如你明明該減肥，卻在冰箱裡塞滿了墨西哥捲餅。

每個人都會為某種東西感到丟臉。如果你的阿嬤叮嚀你，平時一定要穿乾淨的內褲，以防被公車撞到，她這番話不僅僅是字面上的意思。你如果要死了，難道不希望有人能處理你的髒衣服嗎？

我們來看看馬可斯這個例子。他是一流的男人，在人世間發光發熱的那種。他離了婚，沒有孩子，只剩幾天可活。

他是電工，某天在工作時發生了意外，扭傷了手肘。小事嘛，他心想，去了醫院做了例行檢查，結果得知自己得了罕見的癌症，活不了多久。

直到那一刻之前，他並沒有任何不適，但他的狀況突然走下坡，而且惡化得很快。這種事很常見——一旦你的心靈說服了你的身體相信你正在死去，你的大限之日很快就會到來。確診後，他很快明白自己永遠不會出院回家。

馬可斯的人生很美好。他的婚姻雖然沒成功，但他將以相當好的條件離開這個世界，他有愛他的家人，沒有敵人，沒有仇恨。但就和一般的男人一樣，他也會精蟲衝腦。他很受女士歡迎，而他家裡有一臺電腦，裡頭有幾十筆約會資料，是他跟許多女人之間的訊息往來。

這也沒什麼大不了，問題是，馬可斯害怕他電腦裡的一些東西，會讓他見過的那些女人覺得不受尊重。

除此之外，他家裡還有其他幾樣東西：一些基本的性玩具、一支按摩棒，還有一個肛門塞。他有個弟弟會來幫他收拾屋子，他希望在被任何人發現前趕緊銷毀掉那臺電腦。

他其實已經打電話給一個警官朋友，拜託對方闖進他家裡處理掉電腦。警官解釋自己不能這麼做，警察在沒有搜查令的情況下不能進入某個人的家裡，拿走私人財產，即使是在非值勤時間。這確實有道理，沒人希望警察在沒有監管的情況下擁有這種權力。

「你得打給比爾，」警官告訴他：「他是黃金海岸的一個私家偵探，他能幫你忙。」

我確實能幫他。我很熟悉私家偵探的相關法律，知道自己能做什麼，不能做什麼，而且會謹守法律允許的範圍。進入私人住宅，以確保客戶的隱私和安心？當然沒問題。

幫助馬可斯處理掉電腦，其實是我第一次在客戶死亡後進行的家中清掃。隨著時間經過，隨著棺材告白者的消息傳開，我在這方面收到越來越多請求。

有些人並不是要我幫忙隱藏或破壞任何東西，而是他們擁有一些特別有價值的物品，希望我能挽救並保存下來。說真的，找搬家工人來收拾已故者的遺物時，常常會有貴重物品在途中消失。我認為偷走臨終者的物品是特別惡劣的行徑，所以我總是願意在這些情況下提供協助。

一般客戶會希望我保存他們的電腦、重要文件或珠寶，投機者會想偷的東西。但有些時候，客戶希望我保存的是有情感價值的東西，像是照片、信件、蒐集了一輩子的小紀念品。

然而，就算按照我的標準，有一、兩個這類要求實在是毫無意義。

有位想法很天真的嬉皮女士，要我把她的汽車連同後車廂裡的一些東西，一起運去她哥哥家裡。我第一次打開後車廂時，以為裡頭的東西能證明她為何花了不少錢僱用我、確保這些東西安全，我猜大概是珠寶首飾、金條，或是大批海洛因。但裡頭只是兩箱一般的居家物品：一臺桌上型電腦、一些文件，還有一些相簿。

她只是不信任有關單位，想確保這些東西安全。我實在不認為有人會偷走這輛車，就為了偷走她的水晶和風鈴，但我猜有些人就是性格古怪，或是疑神疑鬼。

但話說回來，有些人確實有理由疑神疑鬼。

第二十六章　被惡魔侵擾的南港學校男孩

到頭來，我的人生變得非常美好。我娶了我最好的朋友，一起成了家，生兒育女。我憑著智慧、口才和勤勞，建立了自己的職業生涯。

雖然開車沒多久就能抵達我從小長大的郊區，但在九〇年代末，我早已遠離出生時所處的惡劣環境。雖然老天爺給了我一手爛牌，但我透過堅定的意志力，使自己的人生變得無比幸福，成為當年那個可憐又害怕的我認不出來的人生。

我過得真的很好。這聽起來像是在自誇，但我的人生確實值得炫耀。我為自己的成就感到自豪。這真的很神奇。我認識很多和我一起上過南港學校的上流孩子，他們雖然在起跑點上贏過我，但後來的成就連我的一半都比不上。

還有其他男孩受害

從在南港學校的第二年開始，我就明白出生在上流家庭可能是一種詛咒。在金錢的強大保護下，他們免於經歷傷害和失敗，因此有些人真的被人生擊倒時，就會摔得特別慘。

家庭和社會對上流兒童施加了龐大壓力，如果這些孩子無法達成別人為他們設定的目標，就會陷入掙扎。南港學校在校友刊物上大肆宣揚一大堆成功故事，但其實也有很多孩子在壓力下崩潰，一蹶不振。

我當時不知道的是，其實有些孩子一直跟我一樣深受某些惡魔侵擾。和我一樣，他們也在南港學校的一些師長手上遭受性虐待。

✝

一九九七年傳出一個消息：彼得．傑克森，南港學校的校友，也是拉格比足球聯盟的傳奇人物，死於海洛因過量。他在畢業後當了警察，後來在拉格比足球場上成為一顆冉冉升起的新星。他曾加入南雪梨兔隊，後來效力於野馬隊，之後代表昆士蘭，最後加入澳洲和英國的國際球隊。

但他在退休後，過了令他心神不寧的幾年，離世時才三十三歲。

他在嚥氣前向妻子吐露，他曾被南港學校的舍監兼教練，而且原本是牧師的某人長期性虐待。他在十四歲開始被性虐待，持續了一年多。這件事摧殘了彼得的人生，最終造成致命後果。

我震驚不已。我那時候知道彼得這個人，但其實從沒在學校見過他，而是在八〇年代，在黃金海岸一個毒販家裡認識他。他是個很棒的傢伙，很友善、外向，魅力十足。我從沒想過他曾遭到性虐待。

一九九七年的那些報導，讓我第一次知道南港學校還有其他男生慘遭虐待。我意識到，既然有我們這兩名受害者，就一定還有更多受害者，多到難以想像。

我因此有勇氣站出來。想到還有其他人和我一樣受過同樣的折磨，這種感受雖然很糟，但也很高興知道自己並不孤單。彼得・傑克森的死，激發我發起自己的遠征。

控訴

我寫信給學校，提出我的指控，要求開會，要求他們做點什麼。他們沒理我。警察也沒理我。

我開始尋找其他在南港學校遭到虐待的男孩，但難如登天。對我來說，找到人並不是問題，難的是怎樣讓他們願意談論如此可恥又禁忌的話題。他們已經完全被這所名校的校內文化洗腦了。

我獲得的成果寥寥可數，直到社群媒體出現。我在臉書上發了一篇關於彼得的帖子，以及我被虐待的經歷後，一個比我大一、兩歲的人在兩小時內聯繫了我。

「史考特・羅賓森？」他問：「你的名字是不是史考特・羅賓森，來自南港學校？」

「我現在叫比爾，不過我以前是用史考特這個名字。」

「老兄，你在南港學校可是都市傳說。離開了學校、再也沒回來的那個孩子。他們都叫你『失落學生』。」

所以我用自己的故事成立了臉書專頁：南港學校的失落學生。就是在這時候，其他學生也紛紛出面。一個、兩個，接著三五成群，後來蜂擁而至。有幾十人曾經被虐待過，時間能追溯至幾十年前。

有個七十四歲的女士告訴我，她哥因為在南港學校遭到性虐待而自殺。

根據我們的統計，一共有一百三十三名學生挺身而出，他們是在一九六八年到二〇一六年之間就讀於該校。

這還不包括那些因為離開人世而無法出面的學生。我們發現，從一九九七年算起，至少有八個學生自殺，而且許多死亡事件就發生在校園。有個男孩從學校的鐘樓跳樓，摔得腦漿迸裂；有人爬到劇場的屋頂上，在橫梁上吊。

在學校的官方報告上，每一起自殺事件都被歸咎於心理健康不佳。你知不知道造成心理健康不佳的原因是什麼？就是在學校被虐待！你如果在乎心理健康，就最好不要倒因為果。

每個站出來的南港學校學生，都有自己的複雜創傷需要傾訴。與此同時，有些律師對我提出詢問，他們在賠償案件中代表這些學生，需要這些客戶的心理健康報告。我告訴他們，我可以以經過認證的私家偵探身分提供宣誓陳述書，但他們說需要合格諮商師的觀點。

我做出決定：我需要找到方法來提供這方面的協助。我做了一些調查，意識到最好的辦法就是讓自己成為註冊諮商師。我去找了相關的醫療從業者委員會，解釋了我是誰、想做什麼。他們花了兩星期討論，然後告訴我，他們會接納我為會員，並為我投保。

所以「南港學校的失落學生」成了「南港學校的失落學生們」，複數，一個社群。我們成了彼此的互助團隊。這種團結極其珍貴，尤其是在對抗教會的時候。

我從不相信「人多力量大」，但我確實相信「壓倒性證據」的力量。越多人挺身而出，南港學校和教會的說服力就變得越小，他們所有的逃避和藉口都顯得貧弱無力。

我剛開始積極追求正義時，南港學校用盡一切辦法要我閉嘴。一名學校官員打電話給我，說要告我誹謗，而且我是個不誠實的人，對學校懷恨在心。

他很快就明白，空洞的威脅很難說服我。他在隔天打電話來道歉，還問能否私下見面，討論對我造成的傷害並提供賠償。

我和校長見了面，得知我的在學資料已被刪除。他跟我說他幫不上什麼忙，因為我的虐待案是發生在他上任之前。他還表示，有幾名校友親自向他說明了真相，學校也在經濟上給了他們援助。

後來，我收到了校方的書面道歉，他們也提議給我一小筆錢，以換取我的沉默。我的答案是再確鑿不過的「去吃屎吧」。

我才不想要他們的錢。報紙寫道，彼得．傑克森的遺孀拿到了二十五萬澳幣。一條命就值這點錢？媽的，我才不想要這種錢。我要的是拆除這種窩藏虐童者、辜負弱勢兒童的制度。

二〇一七年，我得知X先生仍在另一所學校任教，他就是當年在辦公室用手指強姦我、騷擾我的那個老師。我雖然通知了昆士蘭警方，但之後一直無消無息，沒有人因為我提出的案件而聯繫我。一所學校如果真想認真修復自己造成的傷害，你得到的就不該是這種結果。

決定成為求生者

我想傳達的訊息是：不能放棄。如果你曾經被虐待過，就絕對不能放棄。如果你一直都不去處理發生在你身上的事，如果你的生活始終處於動蕩，你就必須擺脫困境。我知道最難的莫過於「**接受它發生了**」。因為你如果置之不理，就有可能一輩子不去面對。你會透過吸毒、酗酒，或只是壓抑它，把它關在泡沫裡，直到你徹底崩潰。

我當初就是用這種方式。

但是泡沫遲早會破裂。破裂的那瞬間，你就會置身於無比強烈的痛苦。它會從裡到外讓你腐爛。

我一旦學會接受經歷過的一切，就能開始繼續前進。有幾個人告訴我：「事情就是他媽的發生了，處理它，然後放下它。」

不，我不會放下，但我**會**處理它。我會**揭發**它。因為我越是大聲說出我的故事，就能給其他人帶來越多幫助。

我想表達的最重要訊息是：只有**你**有能力接受它——而且這是非常強大的能力。因為你一旦接受了，就能原諒自己。別擔心要不要原諒其他人，因為你做不到。你永遠不會忘掉發生的事，但你**必須原諒自己，因為那不是你的錯**。

受害者就是會做這種事，我們多年來總是責備自己。我哪裡做錯了？我做了什麼選擇，讓他們以為可以這樣對待我？是我不夠堅強，不夠好，不夠聰明，所以沒能保護自己？

這些想法全是狗屁。原諒你自己。

因為你只要原諒自己，就會獲得難以想像的力量。我就是藉此獲得了龐大的力量。

這年頭，人們聽到我的故事，會說：「噢，你這可憐的孩子。」去你媽的咧，我才不是可憐的孩子。事情發生的時候，我八歲；事情結束的時候，我十六歲。我是掠食型罪犯和強大社會機構的受害者，但現在的我是成年男子，我擁有力量。

別同情我。我並沒有蹲在水溝裡為自己難過，因為我有太多的力量和勇氣，沒時間自憐自艾。

遭受虐待的受害者，無論在性、身體還是心靈方面，都可以繼續當個受害者，但也可以成為求生者。這個選擇在他們手上，但我說真的，「決定成為求生者」獲得的力量是獨一無二的。

我鼓勵每個受害者掌握這種力量，運用這股力量來強化自己。不要默默坐著。給我放聲咆哮、拳打腳踢、淒厲尖叫，發出震耳欲聾的怒吼，讓傷害你的人在睡夢中聽到！這麼做至少能挽救自己的人生，但很可能也能挽救其他人，讓他們不用經歷你經歷過的一切。

第二十七章　天上的爹地

沒有人想死。即使是非常虔誠的人，在最後一刻逼近時也會感到懷疑。你會看到他們緊抱著宗教信物，不斷祈禱。「上帝與我同在」「我很快將行走於天國」「上帝是我的牧羊人」。

好吧，上帝是你的牧羊人。可是，夥計，我去過農場，羊的日子挺枯燥的，而且說真的，牧羊人的日子也很無聊。

宗教這種東西不適合我。我相信的是，我們死後就是睡覺，就這樣，故事結束了。我不認為死後有來生，但我覺得這沒什麼大不了。也許我是錯的，我也希望我是錯的。

在我看來，死亡只是另一段旅途。你闔眼後也許會醒來，也許不會。沒人百分之百確定。即使是那些**確定**的人——百分之百相信自己會睡在地下，在雲端醒來，被蛋糕、小狗和天使合唱團包圍——他們在臨終時也被嚇壞了。

可是那種恐懼的另一面是什麼？可能是喜悅、愛、幸福、地獄之火、折磨……什麼都有可能。除非發生在你身上，否則你沒辦法確切知道，所以再多的信仰也無法阻止你感受到那種致命的恐懼。

反對宗教葬禮的人

戴爾·彼得斯沒有懷疑。他痛恨宗教，痛恨上帝，痛恨跟這兩者有關的任何東西。我不確定戴爾發生過什麼事，為什麼對宗教如此反感，但我好像從沒見過誰比他更堅決反對教會。就連我也沒那麼討厭教會。

我的意思是，在我看來，教會是一個由小偷和戀童癖組成的犯罪組織，但你無法否認，他們長久以來確實為一些漂亮的畫作和雕塑提供了資金。也別忘了，教會**確實**為飢餓的人提供食物，就算這麼做是為了掩飾自己曾犯下一些令人髮指的罪行。

戴爾完全不想跟宗教有任何瓜葛。問題是，他的家人非常虔誠，想為兒子進行適當的基督教葬禮。他們最大的恐懼是，如果戴爾在臨終前不悔改，不由牧師主持他的葬禮，他就會在地獄中燃燒。戴爾對此毫不在意。他不相信有地獄，所以這對他來說算不上什麼威脅。

戴爾徹底反對舉行宗教葬禮，但無論他跟家人說了多少次，在教堂舉行告別式的這種想法讓他很難受，他們都聽不進去。爭論演變得非常激烈，以至於在戴爾離世前的最後幾天，他真正需要家人的支持時，他們的關係反而變得疏遠。他算是獨自度過那段日子。

如果你的家人在你需要他們的時候拋棄你，你會怎麼做？如果他們堅持要為你舉行宗教葬禮，但這個想法令你極為反感，你有什麼選擇？你要怎樣確保你的遺願獲得執行？你該做的，就是僱某人代勞。打電話給我。

「我氣得要命，」我們第一次見面時，他告訴我：「而且怕得要死。」

「這很正常，」我說：「換作我，早就嚇得失禁了。」

聽見這句話，他笑出聲。「你不是應該安慰我幾句嗎？」

「我要怎麼安慰你？你要死了，我說任何話都無法改變。如果你跟我說我今天就會死，我一定會嚇得尿褲子。我為你害怕，因為你比我早走一步。你真的很倒楣。」

他露出微笑。我認為他尊重我的誠實，我沒有試圖粉飾什麼。

我們同意合作，他跟我說了他希望我怎麼做。他把指示說得很明確，而且很憤怒。他對宗教造成他的家庭分裂感到憤慨不已。他滿嘴「我操」「去他媽的」「就是宗教害得我經歷這些」。

我認為他需要的其中一項協助，其實只是能有個發洩心情的對象。他被這整件事傷得很慘。他談論上帝、宗教，還有他家中傳統的時候，言語刺耳又有趣。

但是戴爾最明顯的情緒，是憤怒、害怕、孤單和難過。我盡可能幫助他。

他嚥氣前，留給我他最後的遺言。

在我死前給我支持

根據戴爾的指示，我在牧師邀請會眾一起禱告時打斷了葬禮程序。戴爾在這方面很堅持：他的葬禮上不允許祈禱。

我站起身，說出戴爾最後的訊息。

「我要為我的客戶戴爾．彼得斯發言，請你們坐下，閉嘴，聆聽戴爾想說的話。「致組織這次葬禮的那些人：這場葬禮的重點不是你們，而是我，還有我的心願，不是你們的心願。我並不想要宗教葬禮。媽的，我是無神論者！

「我懂——你們希望在場每個人都認為你們在做正確的事。這個嘛，正確的事，就是在我死前給我一些支持。

「媽的。你們都知道自己遲早會死，而且時間不等人。沒人能買到更多時間。等你們來到我現在所在的地方，咱們到時候見。

「最後，我很火大，很難過，而且怒不可遏。我不想死，也不想生病、受苦。但最重要的是，我不想透過痛苦的方式得知誰愛我、誰不愛我。你們都可以去死。阿們。」

我得說，現場一陣震驚沉默後，戴爾的家人並沒有熱情招呼我。

在場的人們顯然分成兩派。左邊是戴爾的家人，被我朗讀的訊息激怒；右邊是戴爾的朋友，對我朗讀的訊息感到樂不可支。

來自家人的憤怒簡直真實可觸，你能感覺這團怒火從他們身上散發出來。現場有幾聲怒罵和威脅。其實，這是我第一次介入葬禮時，覺得可能會有人對我動粗。那些外表斯文的基督徒遠比飛車黨可怕。

我趕緊把信放回信封，擱在棺材上，邁步離去。

我來到停車場時，有個人走出教堂，大喊要我留步。我轉過身，準備應付一點麻煩，看到一名年輕人朝我走來。

「我是戴爾最好的朋友，你在裡頭做了正確的事。別管他的家人說什麼，他們其實根本不了解他——他一定會喜歡你剛剛在裡頭的發言。」

我駕車離去，戴爾的朋友回到會場，處理善後事宜。

第二十八章　該害怕的是歲月，不是死亡

來自鐘聲的提醒

在我家中的辦公室裡，有個老式的時鐘，看起來有點像老爺鐘，但鐘面是一頭傻裡傻氣的卡通牛。

幾年前，我帶孩子出門為蘿拉買生日禮物，發現了這個時鐘。孩子靠做家務賺錢，存了六十多塊，所以我們在找這個價格範圍內的東西。

我們路過一家舊貨店，我女兒注意到這個鐘，兩眼發直，對這東西一見鍾情。當我們仔細檢視時鐘，它發出聲音，演奏起和諧的四音符旋律，這讓孩子們更加著迷。

我問店主多少錢，他思索幾秒。

「六十塊賣給你。」

「成交。」我說。

有些東西就是天注定。

這個時鐘到現在還能走，繼續滴答滴答。鐘聲每隔十五分鐘就會響起，發出同樣的和諧旋律。幾年後，我甚至已經聽而不聞，鐘聲成了背景噪音的一部分，就像屋頂上的雨滴或日出時的鳥啼。

後來有一天，我在結束工作後坐在沙發上，突然恍然大悟。我以前聽過這個旋律。這是倫敦大笨鐘的鐘聲，也是南港學校每十五分鐘會播放一次的旋律。

這首曲子是我人生中最淒慘的那三年的配樂。我遭到羞辱和虐待時，它就在背景播放。你應該會覺得我一定很討厭這個聲音，但我認出它之後，其實並沒有任何感覺。它只是鐘聲，不是騷擾我的那個老師，不是虐待我的外公，也不是出賣我、拋棄我的母親。這只是一首優美的曲子，為了讓我知道時鐘一直在運轉，時間一直在流逝。

說真的，我現在覺得這首曲子令人放鬆，它提醒我所有的爛事都過去了，我再也不會經歷那種事。

如果它讓我想到過去，也讓我記得永遠別忘了我的經歷。也因此，它讓我記得我走了多遠的路。我環視家中，看著我的家人，還有我們共同建立的生活，我不禁意識到：**這真他媽的讚**。

我的人生確實很讚。總體來說，人生是甜美的，我確保自己依然以平常心對待每一天，就像以前在街上挨餓時一樣。

珍貴的是每一天，每小時，每分鐘。時鐘本身毫無意義，但它提醒了我：我對歲月的恐懼，高過我對死亡的恐懼。死亡為我們每個人而來，但不是每個人都記得要充分利用擁有的時間。在我的人生路上學到的所有教訓中，這是最硬性的硬性規定。滴答。

第二十九章　死神不等人

就在前幾天晚上，我和家人在家裡時，蘿拉的哥哥史考特在睡夢中去世了。我在三十五年前第一次見到史考特，當時我才十六歲。他曾在衝浪者天堂的街道上追殺我，警告我別跟他的小妹約會——這根本沒用，因為我不僅繼續和她約會，還娶了她，她成了我們兩個孩子的母親，以及三個孫子的阿嬤。

但在八〇年代的其中三年，我像為了保命一樣避開史考特。他體型魁梧，是我見過塊頭最大的人之一，身手也很靈活。我不敢相信他跑得有多快。我的腳程雖然比他快，但為了逃離他還是使勁全力。

有一天，他終於把我逼到「重播世界」的店門口，那是一家擺滿彈珠臺和撞球桌的遊樂場。

他聳立在我面前，聳聳肩。

「說真的，我不太記得我幹嘛追著你跑。你有沒有對我妹做什麼壞事？」

「沒有。我愛蘿拉，她也愛我。」

「了解，那就沒事了。」說完，他離開了。

他其實是個好人，典型的「溫柔的巨人」。他也許看起來能赤手空拳碾死你，但我見過他算是展現暴力一面的時候，是橫掃一整包洋芋片。

確保我不會被活埋

隨著事件經過，我和史考特變得越來越親近。我們會聊到我身為棺材告白者的工作，還有死亡和來世。他饒富興趣地聆聽我描述客戶、他們提出的獨特要求、他們在臨終時真正在乎什麼。

他跟我說他並不介意自己有什麼樣的葬禮，只要能被火化就行。他無論如何都不想被埋在棺材裡，因為他對「被活埋」有種病態恐懼。他很怕自己其實只是昏迷但被當成已經死了，結果在棺材裡醒來。這種想法雖然很傻，但還是把他嚇得半死。

「我死後，我要你拿別針刺我，」他告訴我：「拿一根針扎進我的腳趾，確定我真的死了。」

「沒問題。」我發笑。「我以前有好幾次很樂意刺傷你。」

「別鬧，我是說真的！我死了以後，拿針刺我。如果我出現任何反應，別燒了我。」

「了解。」我倆做了約定：如果史考特比我先走一步，棺材告白者就會出現，並確保他真的死了。

史考特去世時只有五十七歲。他被發現躺在沙發上，在電視機前，似乎是在看電視節目時斷氣的。驗屍官在報告上寫說史考特是死於自然因素，這確實讓我好奇，五十七歲的「自然死因」他媽的意味著什麼。我後來得知，史考特曾在死前幾小時就醫，因頭痛而被施打了嗎啡。

我確保史考特的遺願成真。我以棺材告白者的身分參加了觀禮儀式，一位穿著整潔、彬彬有禮的禮儀師向我展示準備火化史考特遺體所用的棺材。禮儀師恭敬地站著，最後問我想不想跟死者獨處片刻。

「我只需要一點時間。」我說。

禮儀師離去後，我拿出一根針，扎了史考特，然後扎第二針，刺得很深。沒有血，沒有瘀傷，沒有反應。

在這一刻，我突然真的很難過。我意識到，我其實一直有點希望史考特的古怪恐懼是有道理的。他會做出反應，稍微動一下，然後從板子上跳起來，抱怨頭疼。

「好吧，夥計，」我說：「這下你能確定了。」

我向一個只有少數人有幸了解的人說了最後的再見。

之後，我發現自己處於一種奇怪的處境：發表悼詞。對史考特這樣的人進行尋常又莊重的敘述。這次不用打斷儀式，不跟任何人對峙，沒有什麼祕密要揭露。

史考特可能是世上唯一一個死時沒有任何祕密的人。他唯一要我揭露的，是他對他的孩子、孫子、家人和朋友的愛。老實說，他應該是我見過的人當中，對自己的親友最為忠誠又關愛的人。他唯一想要的，就是給孩子最好的生活，給他身邊的每個人帶來祥和。

他要我以棺材告白者的身分做的一件事，就是說出曾經得罪他的人的名字，讓他們知道他已經原諒了他們。

就這樣。五十七歲。他是個好人，度過了美好的人生。

棺材告白者的遺願

葬禮結束後，我回到家，經過我在幾年前買下的電子遊戲機臺，想起我在黃金海岸那家彈珠臺遊樂場被史考特困住。

這張遊戲機臺功能正常，但是個古董，是八〇年代每個電子遊樂場都有的那種東西。和先前提到的那座時鐘一樣，我是在一家二手店發現這東西，衝動買下。

我以前在街頭挨餓的時候，經常為了躲避風雨而在彈珠臺遊樂場遊蕩，我當時真的很希望有人會邀請我玩一局。在那時候，把兩枚硬幣放進機器裡玩遊戲，對我來說是無法想像的奢侈享受，因為我的每一分錢都必須拿來買食物。

現在的我不用擔心這種事。我再也不會挨餓。如果我願意，可以把後半輩子全拿來打電動。可是人生太短，不能這麼做。我其實很少真的玩這臺大型遊戲機，但我喜歡留著它，想著它象徵著什麼。我走了多遠的路，從那個一無所有的孩子變成了擁有想要的一切的男人。

但到頭來，遊戲機臺、時鐘，我擁有的一切都只是物品，是身外之物，我死的時候帶不走。雖然現在能擁有是很不錯，但從長遠來看，我根本不在乎它們。摩托車、銀行裡的錢……說真的，全都只是過眼雲煙。

相信我，你在臨終之際，不會很在意你的股票投資組合。會讓你後悔的，是你從未說過的話，你從未做過的事，你從未把握的機會，可能出於恐懼，或某種被誤導的「非禮勿X」和社會規範。你躺在安寧病房裡，等候最後一刻到來時，那些都不重要了。

如果你今天死了，就不會擔心錯過了升職機會、你的童年很糟，或是你開一輛破車，而你的鄰居有一些閃閃發亮的新玩意兒。會令你後悔的，是你在有限的人生裡浪費了某個下午，擔心一些屁事。你會後悔沒擁抱你的配偶，告訴他們你愛他們。

想一想，你最後一次帶你的另一半（配偶、男友、女友、開放式的跨性別伴侶——我不在乎，只在乎你是不是在乎他們）出去玩、吃飯看電影，是什麼時候？你做了什麼事比跟他們相處更重要？

史考特死的那天，我意識到我認識的死人比活人還多。這並不是什麼悲觀想法，而是會發生在每個人身上。這遲早也會發生在你身上——也可能已經發生了。隨著歲月流逝，我愛的人會剩下得越來越少，留給我的回憶比實際存在的本人還多。在那不久後，我也會死去，那些回憶會跟著我一起死。這沒關係，這是正常的。

至於死後會發生什麼，我會用我對待人生的方式來對待：順其自然，慢慢來。我雖然不相信來世，但我確實相信把握人生，我知道這是最重要的。

我認識史考特。我認識我的兒時摯友麥克。我認識蘿拉、我的子女和孫輩，而到頭來，這些人際關係才是人生最重要的東西。等我死後，他們也會知道我是怎樣度過一生。他們會知道我用自己唯一能做到的方式度過了一生，而且從不退縮。況且死亡只是另一種「往前走」。

如果真的有上帝，我願意等祂來僱用我。也許祂會要求我做些祂不能、不願意或害怕得不敢去做的事，就像人間的人們一樣。如果祂跟我處不來，也許我能去跟撒旦應徵工作。我相信一定會有工作機會釋出。不管有沒有上帝和魔鬼，總是有工作要做。

我不在乎我在人世間的遺體有什麼下場，畢竟它只是一副軀殼，只是一個物品。你如果願意，歡迎擅闖我的葬禮——我沒有什麼要告白的。不過，在你把我丟進火坑之前，麻煩先拿針扎我一下。

國家圖書館出版品預行編目資料

棺材告白者：有些遺願不會默默進墳墓／比爾．埃德加（Bill Edgar）著；
甘鎮隴 譯. -- 初版. -- 臺北市：方智出版社股份有限公司，2022.03
304 面；14.8×20.8公分. --（方智好讀；149）
譯自：The coffin confessor : some last wishes don't go quietly to the grave.
ISBN 978-986-175-661-5（平裝）
1.CST：死亡　2.CST：生命哲學

197　　111000182

Eurasian Publishing Group
圓神出版事業機構
用心與你對話．視野無限寬廣
方智出版社
Fine Press

www.booklife.com.tw　　reader@mail.eurasian.com.tw

方智好讀 149

棺材告白者：有些遺願不會默默進墳墓

作　　者／比爾．埃德加（Bill Edgar）
譯　　者／甘鎮隴
發 行 人／簡志忠
出 版 者／方智出版社股份有限公司
地　　址／臺北市南京東路四段50號6樓之1
電　　話／（02）2579-6600．2579-8800．2570-3939
傳　　真／（02）2579-0338．2577-3220．2570-3636
總 編 輯／陳秋月
副總編輯／賴良珠
主　　編／黃淑雲
責任編輯／溫芳蘭
校　　對／陳孟君．溫芳蘭
美術編輯／李家宜
行銷企畫／陳禹伶．朱智琳
印務統籌／劉鳳剛．高榮祥
監　　印／高榮祥
排　　版／陳采淇
經 銷 商／叩應股份有限公司
郵撥帳號／18707239
法律顧問／圓神出版事業機構法律顧問　蕭雄淋律師
印　　刷／祥峰印刷廠
2022年3月　初版

The Coffin Confessor

定價360 元　　ISBN 978-986-175-661-5　　